AF457068

LA CHINE

FAMILIÈRE

Paris. — Imp. E. Capiomont et V. Renault, rue des Poitevins, 6.

JULES ARÈNE

LA CHINE

FAMILIÈRE

DEUXIÈME ÉDITION

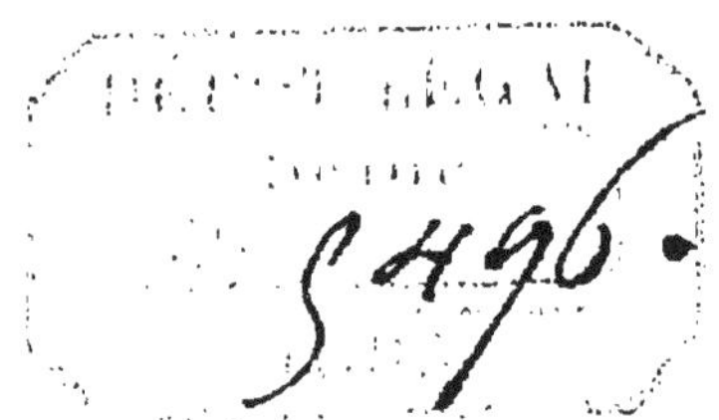

PARIS
G. CHARPENTIER ET Cie, ÉDITEURS
13, RUE DE GRENELLE-SAINT-GERMAIN, 13

1883

A MON FRÈRE

PAUL ARÈNE

POUR SES BONS CONSEILS ET SON AFFECTUEUSE COLLABORATION

AVANT-PROPOS

Le Français qui revient de Chine se trouve parfois embarrassé pour répondre aux questions de ses amis.

— « Qu'est-ce que la Chine?

— Le pays des longues tresses, des pieds déformés, du bambou et de la cangue; un pays où l'on boit le thé sans sucre, où deux bâtonnets d'ivoire adroitement manœuvrés entre le pouce et l'index tiennent lieu de fourchette et de cuiller; un pays où l'on traite le premier venu de frère aîné; où, pour demander son adresse à un bottier, il faut dire : « Quel noble palais habitez-vous? » un pays où le créancier a le droit de se payer d'un morceau de la chair de son débiteur; où le débiteur, en manière de vengeance, se pend à la porte de son créancier....

— Et puis encore?

— Un pays par bien des côtés semblable au nôtre, où le mari aime sa femme, et la maman couleur d'orange sa progéniture aux yeux bridés; où le fils se ruine pour acheter un cercueil à son père et, couvert d'étoffe de chanvre, suit à reculons son convoi somptueux; où la jeune fille n'est pas insensible à la beauté d'un fiancé, où le jeune homme tient grand compte des qualités morales de sa fiancée; un pays où l'on trouve des paysans, des artisans, des soldats, des marins, des bourgeois et des banquiers; un pays où chacun lutte pour vivre, où l'on gagne son riz au lieu de gagner son pain; un pays enfin qui n'est pas en laque et en porcelaine, mais en bonne terre comme ici! »

Là-dessus les uns vous soupçonnent d'inventer à plaisir une Chine de paravent; les autres vous en veulent presque de détruire leurs illusions sur cet empire du Milieu dont tant de récits fantaisistes ont fait l'empire du bizarre.

L'auteur de ce livre a pris modestement son parti :

A ceux qui lui demandaient comment Péking et Shanghaï sont bâtis, comment s'habillent les mandarins et si les Chinoises sont jolies, il a montré son album photographique.

Pour les esprits plus curieux qui, ne se contentant pas des détails de superficie, voudraient savoir quelque chose du fond des mœurs chinoises, il ouvre aujourd'hui un vieux coffre en cuir, orné de dragons découpés et de caractères présageant bonheur et longue vie, coffre dans lequel, pendant les sept ans de son séjour en Chine, il avait, sans dessein, au hasard de ses rencontres et de ses impressions, jeté la traduction de quelques comédies, chansons ou nouvelles dont les Chinois d'à présent se régalent et qui l'ont intéressé lui-même.

Il a cru pouvoir y ajouter, sur la vie intérieure des Chinois et les lieux publics où ils vont se distraire, un certain nombre de notes personnelles qui, si elles n'offrent pas l'attrait de l'étrange, auront au moins, il l'espère, le mérite d'une entière sincérité.

PRÉFACE DE LA DEUXIÈME ÉDITION

Voici un livre curieux, d'une saveur distinguée, plein de révélations, « honnête comme l'eau claire, » pour employer l'expression d'un poète de là-bas qu'il cite. L'actualité vient à point rappeler *la Chine familière* de M. Jules Arène à l'attention des délicats et de ceux qui aiment à s'instruire, à se renseigner. Nous publions cette deuxième édition au moment même où des événements inattendus nous font tourner des yeux émerveillés au delà de l'Inde; où déjà l'Empire du Milieu prend, grâce à l'extension de nos colonies, presque des airs de pays frontière.

On dit que la Chine, secouant sa léthargie et sortant de ses pagodes, rêverait de braquer sur nous les gueules de dragons de ses canons de bronze; l'heure semble donc bien choisie pour tâcher de savoir ce qui se passe derrière les paravents diplomatiques, et M. Jules Arène est précisément et à coup sûr le guide auquel il convient de s'adresser.

C'est avec lui qu'il faut pénétrer dans la vie de ce peuple bizarre, vieilli sans progresser à l'ombre de la grande muraille, comme un bébé qui se riderait sans grandir. Il les a bien vus et finement peints les énigmatiques fumeurs d'opium: caractères indéfinissables dont l'immobilité a quelque chose de fiévreux, la mobilité quelque chose de paralytique, et qui poussent le besoin de contradiction jusqu'à se sacrifier pour les idées dont ils doutent le plus, et à déserter les principes pour lesquels ils ont juré de mourir. Reflets changeants, délicates nuances que l'auteur a su fixer !

Durant ses douze années de séjour en Chine, il a été naturellement permis à M. Jules Arène d'entrer dans la vérité de cette civilisation qui de loin nous apparaît enfantinement comique, penchée sur des albums de papier de riz et croquant des graines de pastèques. Quoique sous une apparence de légèreté, les points de vue sérieux ne manquent pas dans cet ouvrage ; nous n'avons affaire ici ni au géographe qui décrit le cours des fleuves et établit l'assiette des villes, ni au statisticien qui aligne des chiffres sur les marges des registres de commerce ; mais à un artiste qui sait exprimer dans un style vif et aisé le langage pittoresque des choses, à un observateur, à un moraliste qui, possédant le don de tout dire sans inquiéter les honnêtes gens, opère d'ingénieux rapprochements entre des mœurs, des goûts, des usages que séparent mille lieues de distance ; à un lettré enfin qui, pour éclaircir certains faits d'érudition, ou simplement recueillir des explications intéressantes, ne dédaigne pas de converser avec ses confrères les lettrés chinois.

Au lieu de nous étourdir de commentaires étrangers au sujet, l'auteur s'efface au contraire avec une modestie savante, laisse parler ses personnages, et chaque témoin appelé expose lui-même son cas, sûr de trouver un traducteur exact, un interprète fidèle de sa pensée. Aujourd'hui M. Jules Arène part en promenade, se trouvant en humeur de flânerie ; demain, il ira surprendre un poète son voisin en train de disposer dans des cadres pleins de fantaisie les tableaux minutieux où se meut l'humanité chinoise. Suivant, au bruit léger qu'ils font sous les allées, les petits pieds pareils à la fleur du nénuphar, il entr'ouvre doucement pour nous la porte des jardins à thé, enclos mystérieux où de naïves corruptions s'embaument au parfum des pêchers et des roses blanches, où le sage mandarin se console d'avoir mal agi par une citation heureusement trouvée, où les courtisanes laissent tomber de leurs lèvres fardées des paroles de vierges ivres. Il nous transcrit alors les chants douloureux par lesquels elles pleurent leur indignité dans des couplets qu'Anacréon et Sapho eussent accompagnés sur la lyre, et d'autres chansons encore amoureuses ou satiriques, attendries comme une romance, mordantes comme un fabliau.

S'il nous mène un après-midi dans un théâtre de Pékin, c'est la vivante représentation d'un de ces drames héroïques et baroques relevés par la pantomime exorbitante de guerriers à ramages, et de ces comédies où se mêle la grâce des idylles à l'ironie des réalités, avec leur va-et-vient d'entremetteuses, d'étudiants énamourés, de belles-mères jalouses, de diseuses de bonne aventure : telles, le *Bracelet*, la *Fleur palan enlevée*, le *Débit de thé de l'Arc de fer*, la *Marchande de fard*.

Mais, sincère en toutes choses, au chapitre des chinoiseries intimes, il nous apprend et les déceptions qui attendent le touriste ingénu sur la flottille des bateaux-fleurs, et ce qu'il en coûte, pour être dignes d'un tel honneur, aux gardiens de la vertu des princesses, et les modes qui règnent aux bains de mer chinois, et les traditions que gardent les bonzes dans les îles sacrées, et comment Monsieur de Pékin tranche les têtes et strangule les suppliciés, et comment l'on dort, et comment l'on voyage... tous les détails enfin de la vie intime et familière.

Ceux qui auront lu le livre de M. Jules Arène, outre qu'ils auront bu à la tasse fleurie de la littérature chinoise, auront agrandi le champ de leur imagination et appris, ce qui ne saurait nuire, un peu d'aimable géographie.

S'il leur arrive d'aller en Chine, ils pourront faire croire à ses habitants qu'ils y retournent ; et s'ils n'y vont pas, rien ne les empêchera de soutenir aux Parisiens qu'ils en sont revenus.

LES ÉDITEURS.

LA CHINE

FAMILIÈRE ET GALANTE

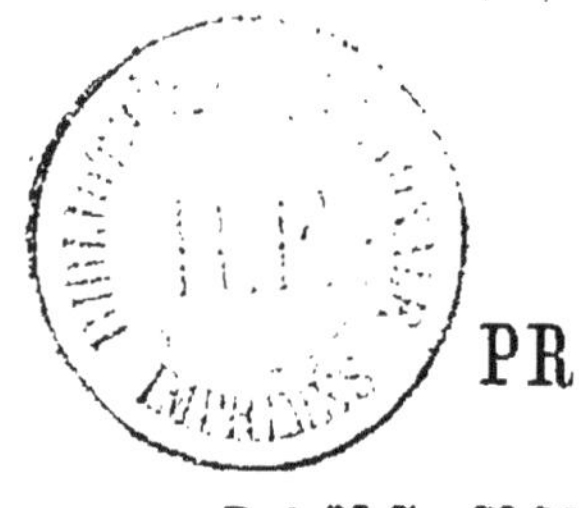

PROMENADE

DANS UN JARDIN A THÉ

CHANSONS POPULAIRES INÉDITES

Un jardin à thé ! Ce mot fait rêver fleurs inconnues et massifs d'arbres singuliers parmi lesquels se dressent des rochers artificiels d'une structure étrange ; petits sentiers sablés ; pièces d'eau transparentes reflétant de petits ponts découpés, très-ingénieusement champêtres, ou des pavillons à jour peints de toutes sortes de couleurs ; et jeunes Chinoises, vêtues de soie rose et bleue, qui, de leurs doigts effilés, cueillent la fleur du nénuphar.

Rien de tout cela maintenant : les pavillons y sont toujours, mais ruinés. Les eaux, transparentes peut-être sous la dynastie des *Ming*, croupissent et verdissent. Plus de fleurs, plus d'arbustes, seulement des troncs d'arbres morts ; et, au lieu des chinoises déales, une vraie cour des Miracles. Malgré tout, quelque chose d'original, et l'endroit où l'Européen peut le mieux se faire une idée de ce qu'est la Chine actuelle.

Des boucs, des chèvres, des moutons, délivrés de l'abattoir par de sensibles sectateurs de la doctrine de Bouddha et sûrs désormais d'une existence paisible, errent en liberté à travers la foule, ou dorment dans un coin, servant eux-mêmes d'oreiller à un mendiant en guenille, leur ami. A côté, un autre mendiant, mauvais bouddhiste, donne la chasse et la mort à ses insectes familiers.

Un grand diable, grimacier de son état, récite des épisodes de roman à un auditoire de paysans et de vieilles femmes. Un avaleur de sabres avale des sabres. Un bonze vend des images saintes, ou l'empreinte de quelque sentence inscrite autrefois sur une pierre de pagode par la main d'un empereur en tournée.

Un arracheur de dents dresse ses tables et ses fioles contre un mur où se lit en chinois cette prohibition facétieuse, qu'on ne pourrait traduire qu'en latin : *Quisquis minxerit aut cacarit*, etc., etc.

Une énorme tortue de mer, portant sur le dos le squelette d'un grand singe, aux côtes soigneusement polies, et revêtu, en guise de manteau, de sa fourrure tannée ; autour, toute une famille grimaçante de jeunes singes, écorchés aussi ; puis, des petits pots, des racines de forme excentrique, d'invraisemblables mandragores : c'est tout simplement le marchand d'emplâtres.

Un friturier ambulant débite sa marchandise à des affamés dont l'un est atteint d'éléphantiasis.

« Lanterne magique ! *Tchi kouai! tchi kouai!!* Extraordinaire ! extraordinaire !! » Sous la rubrique d'États-Unis, on voit dans cette lanterne magique une exposition à Dublin ; on y admire, comme paysage de Russie, une ville aux grandes avenues couvertes de neige, que l'artiste chinois, bon chinois ! a peuplées de personnages jaunes à longues queues ; et, pour finir (la chasteté allemande se retrouve partout), une Vénus trop callipyge, œuvre badine d'un lithographe de la bonne ville de Leipzig.

Quelle décadence ! Eh bien, les Chinois, ce peuple étrange, n'ont pas l'air de s'en apercevoir. Les pavillons du jardin ont beau être ruinés, ses eaux bourbeuses et croupissantes, ses rochers lépreux et ses derniers arbres sans écorce, le marchand de cercueils de la rue de l'*Union des deux Phénix*, le riche entrepositaire des soies de Soutchoou, le restaurateur à la mode, le maître d'école orné de ses grandes lunettes, le militaire, je veux dire le « brave » de l'escorte du préfet de la cité, y viennent, comme ils eussent fait il y a cent ans, aux beaux jours des tours en porcelaine et des pavillons à clochettes, fumer des pipes, boire le thé, et, leurs cages d'osier à la main, organiser des concours d'oiseaux chanteurs.

Insoucieux du progrès et fidèle par paresse d'esprit à ses antiques traditions, l'habitant du Céleste Empire est, en ceci comme en tout, un homme qui marche éveillé dans un rêve. Il ne voit pas autour de lui les choses comme elles sont, il les voit comme elles ont été et comme ses vieux livres les lui racontent. Il met à nous tromper sur ce point je ne sais quelle mauvaise foi patriotique ; et, comme il se garde avec soin de tout contact étranger, comme il ne nous admet, nous Européens, diables de l'Océan, diables à cheveux rouges, ni dans sa famille, ni dans son intimité, nous sommes bien obligés de le croire sur parole, lui, ses rêves et ses vieux livres. Aussi, quelles idées fausses, anachroniques, ne nous faisons-nous pas en Europe de ce que sont les Chinois de maintenant.

Depuis bien longtemps déjà les Chinois copient, mais n'écrivent plus ; ceux de leurs livres qu'on nous a traduits sont de vieux livres, et se figurer la Chine d'après ces poëmes et ces romans expose aux mêmes erreurs que si l'on se figurait le Paris d'aujourd'hui d'après le *Sopha* de Crébillon ou l'*Astrée* d'Honoré d'Urfé.

Où donc étudier les mœurs chinoises actuelles? Dans les journaux ? Il y a bien la gazette officielle de Péking (*Tching Pao*). Mais cette gazette ne contient absolument que des actes officiels : nominations de mandarins, titre accordé au dieu d'un fleuve, arc de triomphe décerné par l'empereur à une veuve vertueuse ; elle est d'ailleurs si mal imprimée que son aspect seul suffirait à la garantir contre la plus intrépide curiosité. Nous ne comptons pas, bien entendu, quelques feuilles récemment fondées à Shanghaï et Hongkong et qui, bien que rédigées en chinois, sont dirigées par des Européens et manquent absolument de saveur locale.

Il existe pourtant un genre de littérature, genre modeste, sans prétention, méprisé et l'on pourrait dire ignoré, des lettrés et des mandarins, mais échappant par son humilité même à toute réglementation ainsi qu'à toute censure : c'est la chanson anonyme, la chanson populaire, celle qui bégaie au berceau de toute civilisation et qui charme encore, paraît-il, les peuples vieillards et tombés en enfance.

La chanson populaire nous donnera sur le Chinois moderne, mis malgré lui en contact avec l'Europe, et commençant, quoiqu'il en ait, à s'européaniser, sur ses idées et sa vie familière, et en particulier sur la manière dont il nous comprend et nous juge, des renseignements que nous chercherions vainement dans l'étude d'œuvres plus littéraires, admirées, traduites et classées.

Et justement, puisque nous sommes dans le jardin à thé, voici, sous la voûte de sortie, un vieux marchand de livrets et de chansons, en train d'installer son éventaire au milieu des vendeurs d'estampes, d'éventails, de jouets d'enfant, de poissons dorés et d'oiseaux.

Rien de varié, de curieux comme cet étalage : un traité d'astronomie, un livre de botanique avec dessins de plantes et de fleurs, un ouvrage de sériciculture, un traité de médecine interne [1], de vieux romans dépareillés, des drames, des comédies, une Bible en chinois sortant des presses d'une mission protestante ; à côté,

1. En Chine, l'exercice des deux médecines interne et externe est distinct, et, disent les Chinois railleurs, le médecin des maladies externes panse la plaie, mais se garde bien d'en retirer le tronçon de lance ou la balle pour ne pas empiéter sur le domaine de son docte collègue préposé aux maladies internes.

les œuvres de Confucius, des dessins de broderie, des almanachs indiquant les jours fastes et néfastes, des prières à la vierge chinoise *Couan in Poussa*, des modèles d'écriture cursive, une méthode pour se servir de la machine à compter, le guide du parfait négociant, l'alphabet à l'usage des ignorants avec le dessin de l'objet à côté du caractère qui le représente, et l'éducation des demoiselles où il est conseillé entre autres sages préceptes de ne jamais sortir la nuit sans lanterne.

Une main dessinée en noir sur une couverture rouge tire l'œil, c'est un livre de chiromancie. Qu'il s'agisse de maladies, d'objets perdus ou volés, d'ambitions ou de rêves, le petit livre a réponse à tout; mais ses oracles sont aussi énigmatiques, aussi adroitement ambigus que ceux de nos bohémiennes, diseuses de bonne aventure :

D. Dois-je faire fortune?
R. Tu trouveras la fortune au Sud-Est.
D. Mes vers à soie réussiront-ils?
R. Offre des fleurs à Boudha.
D. Où est mon voleur?
R. Dans un bois de bambous, etc., etc.

Voici maintenant un recueil de charades, de devinettes :

Jeune je suis vert, vieux je suis jaune, bien battu je deviens souple ; si j'accompagne un ami longtemps, il est pressé de me quitter ; jeune on m'honore, vieux on me rejette.

Ce qui veut dire : *une paire de souliers en paille.*

Puis un recueil de jeux de mots, allitérations enfantines et bizarres qu'il s'agit de prononcer très-vite : *Tche phouthaou, pou thou phou thaou pieul, pou tche phouthaou tao thou phouthaou pieul*, manger du raisin et n'en pas cracher la peau, ne pas manger du raisin et cracher la peau, quelque chose d'analogue à la vieille formule : *Ton thé t'a-t-il ôté ta toux ?*

Méthode pour les trois flûtes : traversière (*tidge*), flûte droite (*shiao*), flûte de Pan (*chun*) ; méthode pour instruments à corde ; le tout suivi des airs à la mode : *Fong pa léou* (Le vent qui souffle dans les saules), *Ho chao* (Les mains unies), *Se tchi shiang se* (Pensées des quatre saisons).

Enfin les chansons qui se chantent sur ces airs et que ces instruments accompagnent. C'est le fond même de l'étalage du vieux marchand. Moyennant deux ou trois sapèques pièce, l'amateur shanghaïen peut choisir à l'aise parmi tous ces petits cahiers en fin papier de soie, couverts de caractères noirs, véritables hiéroglyphes, très-fins, très-serrés, qu'un de mes amis, devenu Chinois à force d'habiter la Chine, comparait poétiquement à une légion de fourmis courant sur du sable jaune.

Ce ne sont plus ici les chansons qu'a traduites M. le marquis d'Hervé Saint-Denis, ces poésies de la dynastie des Tang si pures de style et de forme ; ce sont les chansons d'aujourd'hui, les chansons de ce matin, les chansons de la rue, des bateaux-fleurs, des débits de thé et des fumeries d'opium.

Le chansonnier populaire, indifférent aux règles convenues de la versification ainsi qu'au choix poétique des caractères, toutes choses si respectées des lettrés de profession, écrit en langage parlé, il emploie même les patois provinciaux, mettant ainsi à la portée de tous ses propres inventions, et même des poésies plus anciennes qu'il imite et transforme.

Il conserve les vieilles images, les comparaisons obligées : l'union des deux phénix symbolise toujours pour lui le mariage, et le *in iang* (canard mandarin et sa femelle) la fidélité dans l'amour ; mais c'est dans ce que la vie chinoise a de plus intime, de plus familier, qu'il ira désormais prendre ses sujets.

Le cadre des chansons ne varie guère ; c'est généralement une mise en scène poétique de quelques vers, paysage de printemps, d'été, d'hiver ou d'automne, à la suite desquels l'héroïne ou le héros prend la parole pour exprimer ses sentiments de tristesse ou de joie.

Le vent d'or emporte les feuilles jaunies de l'arbre *outoung;* la fleur du *tankouei* est parfumée, la fleur *haïtang* est rouge.

Qui donc cette nuit, à la troisième veille, jouait du luth? celui qui en jouait, *Ya!* ne s'inquiète pas de ma peine.

Une clôture en bambou entoure la pauvre cabane, le triste vent d'ouest chasse la pluie devant lui; quelques pieds de chrysanthèmes sont en fleur, le cœur à la vue de ce paysage est attristé.

Et je pense à ma femme morte de maladie à la fin de l'hiver dernier...

Souvent encore les cinq veilles de la nuit servent de cadre aux cinq couplets de la chanson.

A la première veille, une jeune bonzesse entre dans la pagode, elle tient un chapelet à la main...

A la première veille une jeune fille se tourne et se retourne sur son oreiller sans pouvoir dormir ; l'émotion la rend toute tremblante...

A la première veille, la lune éclaire le devant du lit; pourquoi, hélas! les hommes fument-ils l'opium? Fumer l'opium, malheur indicible !...

La chanson s'en va ainsi : autant de couplets que de veilles.

Et, de même qu'à la cinquième veille le fumeur d'opium soupire et a des remords, de même la bonzesse, ayant longtemps rêvé d'amour, se rendort, et la jeune fille qui a fui le toit paternel s'effraye en voyant le jour paraître et quitte son ami pour rentrer précipitamment.

D'autres fois, ce sont les douze lunes, les douze mois de l'année qui encadrent douze couplets ; et, quand les divisions naturelles manquent, le chansonnier n'hésite pas à en créer d'artificielles. Une femme reconduit-elle son amant? Soyez tranquille, elle le reconduira en dix couplets : un couplet pour quitter le lit, un autre pour aller du tapis à la porte et ainsi de suite jusqu'au dixième qui les laissera tous deux à la treille des roses blanches, endroit fixé pour la séparation. Les Chinois, peuple méthodique et classificateur, aiment ces cadres curieusement fouillés, ces divisions fixées d'avance, cadres resserrés, divisions étroites, où tient pourtant leur fantaisie.

Si le cadre de ces chansons est généralement uniforme, rien n'est plus varié que leurs sujets.

L'enfance a les siennes, naïves et très-analogues aux rondes que chantent nos petites filles.

TCHIEO LÉEN HOUAN.

LES NEUF ANNEAUX ENTRELACÉS.

Papillon, *ya!* vole, *ya to ol you! ya to ol you*[1]*!* mon amant *ya!* m'a donné un jeu des neuf anneaux entrelacés, m'a donné un jeu des neuf anneaux entrelacés. De mes deux mains je veux les démêler, je ne peux y réussir. Je prends un couteau, je ne peux pas les trancher. *Ya to ol you! ya to ol you!*

Si quelqu'un *ya!* parvient à démêler les neuf anneaux, je m'unis à lui : il est l'homme, je suis la femme!

Un homme arrive, *ya to ol you! ya to ol you!* Un couple d'oiseaux volent vers le ciel, volent *ya!* volent vers le ciel, se balancent, descendent à terre. Ils sont maintenant changés en insectes; les insectes se réunissent, *ya to ol you!* les insectes se réunissent, *ya to ol you!*

Il est tombé trois pieds de neige fleurie; un bel homme au teint de neige est tombé, tombé sur mon sein; je l'ai enlacé de mes bras, sur mon sein je l'ai enlacé, *ya to ol you! ya to ol you!*

A la première veille il est parti, à la première veille il est parti, et n'est revenu ni à la deuxième ni à la troisième veille. A la quatrième veille le coq d'or a chanté, *ya to ol you! ya to ol you!* A la cinquième veille le jour a paru, le jour a paru et je suis rentrée dans la chambre parfumée. Sur le lit d'ivoire : un rideau en soie rouge, une couverture brodée, un oreiller où sont dessinés les oiseaux *in iang*.

1. *Ya, ya to ol you* sont des mots, des refrains sans signification, comme nos turlurette et nos faridondaine.

Sur l'oreiller je pense, sur l'oreiller je réfléchis ; je me fais du mal à penser, à réfléchir, à penser, à penser, à réfléchir ; mon mal empire, *ya to ol you ! ya to ol you !*

Après *papillon vole*, c'est *la mère Michel*, avec cette différence que la mère Michel s'appelle ici madame *Wang*, et qu'au lieu d'un chat, c'est un poulet qu'elle a perdu.

La vieille madame Wang a perdu son poulet; elle le réclame au boucher, elle le réclame au marchand de riz...

L'étalagiste du jardin à thé vend aussi des complaintes d'assassin, très-chinoises de couleur, mais au fond assez semblables aux nôtres par leur luxe de détails historiques, topographiques, de conseils et de réflexions morales, relevés par la pointe d'ironie que semblent affectionner partout les auteurs de ce genre de compositions :

En Chine, sous le règne de l'empereur Tao-Couang, l'empire était tranquille, le peuple heureux, le ciel favorable, les mandarins honnêtes, la paix partout. Je vais vous donner des conseils, écoutez, braves gens : La vertu est tôt ou tard récompensée et le vice puni !

L'affaire s'est passée non loin de la ville de Shien-Shien, dans le village de Ma-Fou-In.

Le boucher ambulant *Shen* et sa femme sortent de maladie. Les malades ont transpiré, et le mieux s'étant produit, *Shen* pousse de nouveau sa brouette chargée de viande. Sa femme est allée voir sa mère, il ne reste à la maison que leur fils *Pao-Chung*. Sur ces entrefaites la sœur de *Shen*, madame *San-Tchié*, vient leur faire une visite au village.

Cette cousine est merveilleusement belle et parfaitement attifée. Un boiteux, un vaurien qui a transformé son débit d'eau-de-vie en tripot où se réunissent des gens sans aveu, la voit passer tandis qu'il flâne au milieu de la rue : — « Quelle beauté, quelle grâce difficile à rencontrer chez une autre femme ! ses pieds de nénuphar sont à peine longs de trois pouces ! Quelle jolie démarche ! Les souliers de satin rouge brodés de papillons, les guêtres de soie blanche, le pantalon de soie rouge, la jupe en fine étoffe de coton bleu foncé, le *macoual*[1] noir brodé de nuages sur la poitrine et doublé de jaune aux manches, la rendent plus séduisante encore. Une fleur artificielle, faite de déchets de soie et piquée dans ses cheveux bien lissés et noirs comme les nuages, assassine les gens. Son visage a la blancheur de la farine, sa bouche est une cerise, ses dents sont de jade, ses deux mains sont fines et effilées. Taille moyenne ! souplesse de jeune saule ! fins sourcils ! yeux clairs comme l'eau d'automne ! jeunesse ! Elle a emporté mon âme en passant, je ne suis plus maintenant ni assis ni debout, je suis comme fou et pour la posséder je sacrifierais volontiers ma vie. Chez qui se rend-elle? Elle entre chez le boucher ambulant *Shen !* » Le boiteux a donc le cœur en délire...

Elle est entrée chez les *Shen* qui sont absents, et elle cause des affaires de la famille avec son neveu *Pao-Chung*. Le riz est cuit pour le dîner et le ciel se couvre de nuages, bientôt la pluie tombe à torrents et toute circulation devient impossible. Madame *San-Tchié* ne pourra pas retourner chez elle et son frère et sa belle-sœur ne rentreront pas. En un instant la nuit tombe. *Pao-Chung* dit : « Passez la nuit chez nous, j'irai coucher ailleurs, » et *Pao-Chung* sort. La belle personne ferme la porte. Les jeunes femmes sont très-peureuses ; couchée seule, elle n'est pas rassurée. Son neveu est allé dans le débit d'eau-de-vie du boiteux : « Ma tante, dit-il, est chez nous, je viens passer la nuit ici. » A ces mots le boiteux a pris la résolution de profiter de l'ab-

1. Sorte de tunique courte.

sence de tout le monde pour s'introduire auprès de la belle *San-Tchié.* « Couche-toi, dit-il au jeune homme, j'ai à sortir. » Tout en causant il ferme sa porte ; il veut aller voir la belle femme. Si sa vertu n'est pas sur ses gardes, elle court le plus grand danger.

Tu violes les lois divines, mais les esprits t'observent à ton insu, et tu auras ce que tu mérites !

La femme *Tsae-Che* était la voisine de la famille *Shen ;* la coquine, sachant leur absence, s'introduit dans leur maison pour voler. La belle *San-Tchié*, qui a grand'peur dans son lit, ne bouge pas plus qu'une morte et laisse la femme *Tsae-Che* fureter partout à sa guise. Soudain le boiteux arrive et il s'attaque pour satisfaire sa passion à la voleuse qu'il prend pour la belle *San-Tchié*. La voleuse se sentant coupable n'ose rien dire, elle voudrait parler, mais elle a peur de se trahir.

Sur ces entrefaites, le maître du logis, le boucher, est revenu. La porte du côté sud n'est pas encore fermée, cela lui donne à réfléchir, il prend un coutelas et entre sans faire de bruit.

Il colle l'oreille contre la porte : sa femme a donc des rapports adultères avec quelqu'un ! comme un ours furieux il se précipite sur l'homme et la femme, on entend le bruit du coutelas : *ca tcha ! ca tcha !* les deux têtes tombent. Il les met dans un sac qu'il jette sur son épaule et, oubliant toutes les affaires de son intérieur, il se dirige vers le mandarin pour faire sa déposition. Il fait noir encore. A l'aube il arrive à la ville de *Shien-Shien*. En entrant dans le *yamen*, il frappe sur le tambour[1]. Le *tchésien* (magistrat) nommé *Leou* s'assied aussitôt à son tribunal. Le boucher *Shen* s'agenouille au bas de l'estrade sur la pierre des accusés[2] : — « Ma femme à moi, pauvre homme, s'est mal conduite ; j'ai coupé le cou

1. A l'entrée du *yamen*, autrement dit de la résidence du magistrat, est un tambour sur lequel le plaignant peut frapper à toute heure du jour et de la nuit, s'il s'agit d'une affaire très-grave.

2. La pierre *Léou ping* sur laquelle s'agenouille l'accusé, et où le condamné reçoit la bastonnade.

aux deux coupables, les cadavres sont chez moi! » En même temps il fait rouler les deux têtes hors du sac. A leur vue il est devenu blanc, il a pâli.— « Monsieur, sauvez-moi, ce n'est pas la tête de ma femme, c'est la tête de ma voisine *Tsae-Che*, une voleuse qui ouvre les portes, et l'homme c'est le débitant d'eau-de-vie de notre village, le boiteux. »

Le magistrat, honnête comme l'eau claire, emmène le meurtrier et va examiner les victimes. Son train ordinaire, suivants, cavaliers, porteurs de chaises volent comme l'oiseau, en un instant ils sont arrivés à l'endroit du crime.

Le jeune *Pao-Chung*, voyant le jour paraître sans que son hôte le boiteux soit de retour, est en proie à l'inquiétude. Il a laissé sa tante seule à la maison hier au soir. Il franchit le mur et file comme le vent, il arrive, entre : à terre gisent deux cadavres, sa tante est là qui dort encore. Il a peur et demande ce que cela veut dire. La belle *San-Tchié* évanouie reprend ses esprits. A la vue des cadavres, elle dit : « Je meurs de peur, reconduis-moi chez mon mari! »

La femme du boucher, forcée de rester chez sa mère et inquiète de savoir sa maison gardée seulement par son fils, était revenue, elle aussi, au point du jour. En entrant elle aperçoit deux cadavres sans tête. Son fils éperdu pleure. La belle *San-Tchié* descend du lit, elles s'asseoient toutes les deux. La femme du boucher, en colère, ne sait quelle question poser.

On entend alors le cri des gens du magistrat qui arrive : *ho! ho!*

Le magistrat examine les cadavres et constate l'état des lieux. Il demande qui était présent à l'affaire. La belle *San-Tchié*, tremblante comme la tige d'une fleur, s'agenouille : « Moi, la petite femme, je suis venue hier voir mon frère. Sa femme et lui étaient absents, mon neveu était allé se coucher ailleurs, j'étais restée seule ici. Après la troisième veille, un voleur est entré, je me suis évanouie de peur, je me suis caché la tête sous la couverture pour dormir, je ne sais rien du meurtre. » Le magistrat, juge intègre : « Jeune dame, retirez-vous. » S'adressant au fils du boucher : « Hier au soir où es-tu allé? avec qui as-tu parlé? de quoi as-tu parlé? — Monsieur, j'étais chez le boiteux, débitant d'eau-de-vie; il m'a demandé si ma tante était à la maison, je lui ai dit qu'elle y était. Alors il a fermé sa porte, et après m'avoir dit qu'il avait à faire ailleurs, il est parti comme le vent. Ce matin, ne le voyant pas revenir, j'ai passé par dessus le mur et suis rentré ici. » Puis le mandarin interroge la mère du précédent : « Où êtes-vous allée hier au soir? en avez-vous averti votre mari? — Mon mari l'ignorait; il est parti le premier, je suis sortie après lui; j'ai caché à mon mari ma visite à ma mère; la pluie m'a empêchée de rentrer. »

L'intelligent mandarin a compris; il ordonne au meurtrier de s'agenouiller : « Tu as tué deux personnes, un homme et une femme, je vais t'expliquer l'affaire. La femme *Tsaé-Che*, qui n'était pas honnête, prévoyant que l'orage vous empêcherait de revenir, est venue pour vous voler. Le boiteux est entré ensuite pour commettre un viol : il pensait à la jolie *San-Tchié*, la femme *Tsaé-Che* a remplacé ta sœur. Le ciel récompense les bons et punit les méchants. Tu les as surpris au milieu de leurs ébats, et soupçonnant ta femme, tu as tué par erreur deux personnes. Ton cas est moins grave. »

On couche le boucher à terre, les gens du magistrat le tiennent solidement. Dix coups de bambou lui sont appliqués : — « Cessez de frapper, » et, s'adressant au patient : « *Shen!* ne commets plus de meurtre à l'avenir. Je te fais cadeau de cinq taëls pour qu'on récite des prières aux victimes. Mande le *tipao*[1] qui ensevelira les cadavres. Vous êtes dégagés de toute poursuite; signez-moi le procès-verbal. »

Le magistrat retourne dans son *yamen*. La reconnais-

1. Le *tipao*, littéralement garant de la terre, est un fonctionnaire subalterne, tenant à la fois du garde champêtre et du notaire, dont la double mission consiste à légaliser de son sceau et de sa signature les actes de vente, et à répondre de la tranquillité et de l'hygiène publiques sur une certaine étendue du territoire.

sance des habitants est sans borne. Il y eut grande fête chez le boucher en l'honneur de son acquittement. Le lendemain il reconduit sa sœur à son mari, et cette dernière rend des actions de grâces aux esprits.

Cette affaire est grave. Messieurs, n'agissez pas sans réfléchir; le ciel protége l'homme bon, les criminels finissent mal.

Et l'éditeur chinois ajoute cette note: A celui qui publierait une contrefaçon de cet opuscule, je souhaite une femme pareille à la femme *Tsaé-Che*. S'il ne craint pas cette menace, qu'il aille au diable.

Singulier procédé qu'ont les Chinois de garantir la propriété littéraire!

Le marchand vend encore la morale mise en vers, quelque chose qui tient à la fois des quatrains de Pibrac et de nos commandements de Dieu et de l'Église: les cent rimes de la famille où le mot *tchia* (famille) rime cent fois uniformément avec cent préceptes:

« N'insultez pas un vieillard; la famille de celui qui insulte ne prospère pas. »

« N'écoutez pas les discours de l'oreiller; il est bon au lit d'avoir l'oreille un peu dure, pour être heureux en famille. »

« Réparez les vieux temples; ne frappez pas les enfants, ne jetez ni le thé ni le riz, donnez-le plutôt aux pauvres familles. »

« Ne tuez pas les oiseaux du printemps, la famille dans le nid attend sa mère. »

Il vend des chansons patriotiques et historiques: la mort du prince *Tsung-Ko-Ling-Tching*, ou bien *les douze verres de vin*, douze couplets en l'honneur de douze héroïnes et héros, avec un personnage par couplet et chaque couplet suivi d'une rasade.

Pratiques avant tout, les Chinois ne pouvaient manquer d'avoir leurs chansons utilitaires : *Tien chia ti ming*, noms qu'a la terre sous le ciel, c'est-à-dire description géographique de la Chine, *Tching Tchang houtoung*, petites rues de la capitale, topographie des rues de Péking.

Puis : *San che leo ma toou*, les trente-six ports, où nous apprenons que l'on trouve de belles filles à *Iang Tchoou* (Kiang Sou) et des filles légères en tout pays, que le sucre vient de l'île Formose, la gentiane de la province du *Sse Tchuen*, que les meilleurs jambons sont ceux de *Iou i* (province du Tche Kiang), que le vin préférable est celui de *Chao Shin fou*, que les jujubes du *Hou Nan* ont trois pouces de longueur, que les jolies bonzesses arrivent de *Tong Ting*, que les huîtres de *Ning po* sont excellentes et que les navets qui poussent sur les bords du Grand lac sont de qualité supérieure.

Le bon chansonnier ajoute même par dessus le marché quelques détails poétiques et nous rappelle, entre deux renseignements utiles, que les fleurs du pêcher sentent bon à la troisième lune et qu'à la cinquième les grenadiers sont rouges de fleurs. En Chine, la poésie ne perd jamais ses droits. Le Chinois, dans son petit jardin, voudrait avoir l'univers en raccourci, arbres nains, forêts minuscules, montagnes hautes comme des taupinières, mers et lacs qu'un oiseau boirait. Dans ses étroits couplets, l'auteur essaye de même de faire tenir tous les aspects de la nature, affectant, avec une astuce bien chinoise, de voiler de plus de verdure et de fleurs les sujets les plus humbles et quelquefois les plus scabreux.

Passons maintenant aux scènes familières, aux petits drames d'intérieur :

C'est un jeune homme qui va faire ses visites du jour de l'an (*Paei nien*).

Le 4e jour de la première lune est un beau jour clair, le 5e et 6e sont des jours où se font les visites. Je suis allé chez les parents et les amis, il me reste à voir ma mère d'adoption. Je vais dans la chambre de derrière m'habiller : le chapeau de cérémonie à franges rouges est sur ma tête, j'endosse mon *macoual* (veste) en peau de mouton, une ceinture en soie rouge entoure ma taille, une belle robe en soie bleue couvre tout mon corps magnifiquement. A la main, je tiens une corbeille à fleurs que je remplis, comme cadeaux, de sucreries et de fruits.

C'est le portrait d'une fiancée :

Plus belle que les femmes esprits, l'air distingué, rougissante comme la fleur du pêcher. Ses fins sourcils ressemblent à la feuille nouvelle du saule, ses yeux ont la couleur des eaux claires d'automne, il faut l'aimer quand on la voit...

C'est l'histoire d'une petite Cendrillon aux yeux bridés :

SHI SHIAO I

L'HOMME MARIÉ QUI FAIT LA COUR A SA BELLE-SŒUR.

Mademoiselle *Houal* est un morceau friand. Un teint de fleur de pêcher, une taille de jeune saule, de petits pieds semblables à la fleur du nénuphar et charmants à contempler. Intelligente, d'esprit délié, elle a de jolis mouvements; elle aime à parler, à plaisanter; elle est habile aux travaux de broderies. A seize ans, elle n'est pas mariée encore.

Le printemps arrive, les saules en fleurs s'agitent, les fleurs sont fraîches écloses, la brise du printemps est tiède, les abeilles voltigent, les papillons vont et viennent, l'influence du printemps vous rend tout chose.

Mademoiselle *Houal* entend des bruits à l'étage supérieur; elle monte pour voir ce dont il s'agit. Ce n'est qu'un ménage de chats, le mâle poursuivant la femelle : Ao! ao! ao! Ce spectacle la fait rêver, elle s'appuie la joue sur la main, se mord les ongles et fronce les sourcils. Son corps est sans force, son cœur lui démange, mais elle ne peut le gratter. Elle rentre dans sa chambre, elle soupire, elle accuse ses parents : « J'ai seize ans, et on me laisse dépasser cet âge sans me marier à quelqu'un! On veut me faire mourir de langueur! On veut me faire mourir de langueur!

« Pourtant ma sœur aînée, qui est jolie, mais pas plus que moi, s'est mariée avec le nommé *Léen*. Ils sont heureux! Son mari est si beau, qu'on ne pourrait en tracer l'image; il sait aimer. Comme ils s'aiment!

« Souvent elle revient voir notre mère. Alors son mari la suit derrière sa chaise, c'en est même inconvenant. Elle est plus petite fille qu'avant le mariage. Si elle reste deux jours ici, elle invente mille excuses pour s'en aller.

« Moi, hélas! Seule, je suis seule sur mon oreiller, et les nuits sont longues. J'entends le veilleur de nuit, je pense, je réfléchis. C'est étrange! Pourquoi me tourner et me retourner sans pouvoir dormir?

« Nous sommes de la même mère. J'en veux à ma mère de ne pas nous traiter de la même façon. Voilà cinq ou six ans que ma sœur est mariée, pourquoi retarder mes noces à moi? Je n'ai plus de goût à aucun travail! Je n'ai plus de goût à aucun travail! »

Mademoiselle *Houal* est sans vigueur, tant que dure le

printemps, peu à peu la ceinture de mademoiselle *Houal* s'est amincie. Elle a appris, il y a quelques jours, que sa tante était malade. Sa mère s'est habillée pour aller la visiter. Aussitôt mademoiselle *Houal* va fermer la porte. A peine rentrée, elle entend frapper : c'est le mari de sa sœur qui vient voir sa belle-mère.

Il entre et s'assied sur le *kang*[1]. En lui offrant respectueusement, de ses deux mains, une tasse de thé, elle le regarde en dessous. Les sourcils du beau-frère témoignent du plaisir qu'il éprouve, son audace amoureuse est grande comme le ciel. Il commence l'attaque, saisit les poignets de jade de sa petite belle-sœur, la prend par la taille et lui dit: « Ma petite belle-sœur, je pense à vous à en mourir. Ma belle-mère est sortie pour voir la malade, il n'y a personne, profitons de l'occasion pour nous aimer. » Elle fait semblant de se défendre; elle le repousse et l'appelle voleur. « Est-il permis au beau-frère de s'attaquer à sa belle-sœur? Si ma mère le savait, elle vous enverrait devant le magistrat qui vous ferait enlever la peau. »

Léen tombe à genoux, pleure et supplie : « Ton beau-frère, tu le repousserais?...

« ... Notre désir est réalisé ! » Il l'enlace encore de ses bras et rit. Elle feint la pudeur et le regarde à la dérobée. A la dérobée elle le regarde, elle l'appelle pilier de prison : « N'oublie jamais notre amour d'aujourd'hui. Je t'ai bien traité, faisons le serment d'être toujours unis. »

Mais *Léen*, craignant que la belle-mère ne soit pas contente, regarde par la porte avant de sortir; personne ne passe, il traverse le petit pont.

Aussitôt parti, la mère revient et frappe. Mademoiselle *Houal* change de couleur. Elle répare tant bien que mal le désordre de sa toilette; mais en entrant la mère a vu ses cheveux défaits, son chignon de travers, elle lui demande : « Pourquoi ? »

La demoiselle est habile à parler, et son plan de défense

1. Sorte de poêle-lit fait de briques en usage dans le Nord.

est bon; elle mentira sans hésiter. Elle dit : « Je m'étais endormie, tout à coup le chat est venu me griffer la figure et emmêler mes cheveux, ce qui m'a réveillée. Je ne me suis pas encore peignée, je n'ai pas encore peint mes sourcils. »

La mère, à ces mots, s'emporte : « Servante à bouche menteuse, tu devrais être coupée en mille morceaux. Un témoin est là, et tu ne saurais te disculper. Regarde sur la chaise : tu ne fumes pas le tabac, à qui appartient ce petit sac brodé?

La petite fille pleure à torrents. En dedans, elle insulte son brigand de beau-frère : « Beau-frère, tu causes ma perte, car je suis sur le point de tout avouer. »

Tombant à genoux : « Mère, écoute-moi : tu es sortie pour aller voir ma tante; mon beau-frère est venu pendant ton absence. Ne voyant personne, il m'a fatiguée de ses discours. Sans pudeur, il s'est attaqué à moi. Je le repoussais, et il ne s'en allait pas. Je l'insultais, et il riait de mes insultes... Je me suis enrouée à crier : Mère! mère! Je te cherchais et ne te trouvais pas. Méchante mère, tu n'es pas venue me sauver. »

A ces mots, la colère de la mère ne connaît plus de bornes. Serrant les dents, elle l'appelle prostituée. Elle charge un voisin d'aller chercher en chaise sa fille mariée...

En pleurant, elle lui dit : « Ta bête féroce de mari a eu ce courage! mais il n'évitera pas le châtiment. Je vais de ce pas chez le magistrat : ou la tête tranchée, ou le corps coupé en mille morceaux. C'est la loi; ne me blâme pas, il l'a voulu.

— Mère, parlez moins haut. Une fois connue de tous, l'affaire serait difficile à étouffer. Nous sommes de même sang, ma sœur et moi. Il faut cacher aux autres nos mille et dix mille hontes. Mon idée est bonne, je crois. *Le riz est cuit!* qu'y faire? Moi et elle nous resterons sœurs. Il n'y aura ni première ni deuxième femme. Deux sœurs mariées au même mari, ce sera charmant! Cet arrangement économisera, d'ailleurs, les frais d'entremetteur et de cadeaux de noces. Secrètement, louons une chaise de mariée avec son store rouge. Que ma sœur *Houal* se rende chez son mari sans lanternes, sans musiciens. Ne t'inquiète pas davantage. »

La mère ne répond pas, la tête basse, elle réfléchit un instant; sa colère est passée : « Vous le voulez tous? à votre aise! Heureux mari, qui m'a volé mes deux filles. Mais toi, petite, écoute-moi : tu as ce que tu as mérité. Ce mariage sans apparat, tu l'as cherché toi-même. Va, et tâche de vivre en bon accord avec ton aînée. Soyez d'un même cœur, ne vous disputez pas. »

La sœur aînée aide aux préparatifs : « Attendez qu'elle se soit coiffée et habillée. »

Deux petites chaises à porteur arrivent : les deux sœurs y prennent place... On explique tout au mari. Un bon dîner est servi. Tous les trois boivent le vin de la félicité. Le mari est joyeux. La sœur cadette a pour son aînée une reconnaissance sans bornes. Plus de crainte! Ils sont libres de s'aimer jusqu'au chant du coq.

Le proverbe a raison de dire : Il faut deux perches pour pousser un bateau.

Voici maintenant les chercheuses d'esprit :

« Ne pouvais-tu pas rester fille en te mariant? »

dit au lendemain des noces une cadette à son aînée qui pleure de ne plus être fille.

Voici les Agnès naïvement impatientes.

SHIADZE SOUAN MING

L'AVEUGLE DISEUR DE BONNE AVENTURE.

Mademoiselle est à broder sur son métier, *ya!* Tout à coup elle entend le son d'une guitare : c'est monsieur le diseur de bonne aventure. Elle pique l'aiguille sur le métier, ouvre la porte et aperçoit le devin. Je vous prie de me donner la bonne aventure. A ces mots, le *shien chung*[1] marche droit devant lui, elle le suit, on passe sous la grande porte, elle lui offre un banc sur lequel il s'assied. Je vais vous dire mes *padze*[2] : je suis de l'année *ting mao*, de la 4e lune, époque où fleurit la rose *tchiang mei*, mon vieux monsieur! A la 4e lune je suis née; le 13e jour de la 4e lune, ma mère m'a donné le jour. L'orient blanchissait, mon vieux monsieur! c'était le moment *mao che*[3]. Je ne vous interroge, mon *shien chung*, ni sur des bonheurs, ni sur des malheurs, je veux vous interroger, mon *shien chung*, sur l'époque de mon mariage.

Le *shien chung*, à ces mots, sourit imperceptiblement : — J'examine, je suppute... encore trois printemps, mademoiselle, et vous vous marierez.

A ces mots, elle se met en grande colère *ya!* — « Vous parlez à tort et à travers. Mon *shien chung*, tu es aveugle. En face de notre maison habite la nommée *Wang*, mademoiselle *Wang san tchié*. Elle est de la même année, de la même lune, du même jour que moi, mon *shien chung*, du même moment, du même moment. Entre sa seizième et sa dix-septième année, elle a donné le jour à son premier né, et son second est né après ses dix-huit ans. Je te donne trois sapèques pour ta peine, emporte-les, tu ne sais pas prédire la bonne aventure, mon *shien chung*, va-t-en vite, retire-toi.

« — Trois sapèques, *ya!* je ne les accepte pas. Puisque tu veux qu'on flatte ton désir, va chercher plus habile que moi.

1. Les expressions chinoises *shien chung* (né avant), *lao yé* (vieux monsieur, vieux personnage), *ta lao yé* (grand vieux personnage), correspondent à peu près à notre *monsieur*, et à notre *monseigneur*.

2. Les *padze* (littéralement les huit caractères) sont un papier indiquant l'année, la lune, le jour, le moment de la naissance des jeunes filles, et que les parents envoient au fiancé avant le mariage.

3. Six heures du matin environ.

« — Je prierai une autre personne que toi; va-t-en ailleurs dire la bonne aventure. »

Une jeune Chinoise malade d'amour simulera de plus effrayantes maladies, tout comme le Lucinde du *Médecin malgré lui :*

HA HA TIAO

CHANT DU RIRE.

En dehors de la fenêtre, *ting! tang!* les plaques en verre du *tiémaol*[1] que le vent fait se heurter résonnent. Madame *Wang*, la voisine, arrive lentement et entre dans ma chambre. *Ha ha shi ha ha*[2] ! Elle soulève le rideau vert du lit, *ya!* des bouffées de parfum de la fleur *couei houal*[3] s'en échappent; elle soulève la couverture en soie rouge et aperçoit mademoiselle *Ol counéang* : « Pourquoi ne viens-tu pas dans le pavillon? *ha ha shi ha ha!* Quelle est ta maladie? Désires-tu du riz, du bouillon? *ya!* Ta figure est jaune, tu as l'air d'une morte, *ha ha shi ha ha!*

« — Je suis malade *ya!* triste, triste, abattue, abattue, je ne veux ni riz ni bouillon. Les mets les plus délicats ne me font point envie *ha ha shi ha ha!*

« — Je vais faire venir le médecin, qui verra, *ya!*

« — Je ne veux pas. Si on faisait venir le médecin, il me toucherait et me toucherait; j'en aurais peur, *ha ha shi ha ha!*

« — Un bonze pour réciter des prières ?

1. *Tiémaol,* sorte d'instrument éolien composé de plaques en verre. suspendu sous l'auvent des toits.

2. Onomatopée qui, avec ses nombreuses aspirations, exprime assez bien le rire guttural des Chinois.

3. Olea fragrans.

« — Je ne veux pas. Si on faisait venir un bonze, ce serait un bruit assourdissant, *ping ping* et *ping pang!* sur son morceau de bois creux! *Ping ping* et *ping pang*, ce bruit me fait peur; *ha ha shi ha ha!...* »

— Un *taosse*[1] qui t'exorcisera?

— Je ne veux pas, je ne veux pas; si on priait un *taosse* de venir, il soufflerait dans sa trompette et frapperait, frapperait sur son tambour. Cela m'effraierait, *ha ha shi ha ha!*

— Une vieille garde-malade qui te soignerait?

— Je ne veux pas, je ne veux pas de ses soins; une vieille garde-malade ne ferait que jacasser : *li li* et *la la*, *li li* et *la la*, ce bruit me fait peur, *ha ha shi ha ha!*

—Tu ne veux ni de ceci ni de cela; ta maladie, en fin de compte, comment t'est-elle venue?

— Ma maladie? *ya!* à la troisième lune les abricotiers étaient en fleurs, les saules verdissaient, des fils de famille faisaient une promenade printanière.., ils se sont épris de ma beauté et de mon fard; la blancheur de leur teint m'a séduit, nous nous sommes dit des paroles d'amour.

— Ne crains-tu pas ton père et ta mère?

— Mon père a 78 ans, ma mère est sourde et ne voit pas clair; je n'ai peur ni de l'un ni de l'autre : *ha ha shi ha ha!*

— Ne crains-tu point ton frère aîné et sa femme?

— Mon frère est toujours dehors, ma belle-sœur est toujours chez sa mère; je n'ai peur ni de l'un ni de l'autre.

— Ne crains-tu point tes sœurs?

— Ma sœur aînée est exactement dans mon cas, ma cadette ne comprend pas encore. Vous, moi et ma sœur causons ensemble à ce sujet, *ha ha shi ha ha!*

— Que nous causions ou que nous ne causions pas, que m'importe?

— Je salue en vous avec respect une mère adoptive; aidez-moi à satisfaire mon désir, *ha ha shi ha ha!* je ne serai

1. *Taosse*, prêtre de la secte du philosophe *Laodze*.

pas ingrate si vous mettez un terme à mon mal d'amour, *ha ha shi ha ha!*

Ailleurs, car la femme est la même partout, une belle dédaigneuse se trouve enfin punie de ses dédains, ni plus ni moins que *certaine fille un peu trop fière* du bon Lafontaine.

Une demoiselle fort belle ne s'était jamais décidée à envoyer son *pa dze* à un fiancé. Les grands ne voulaient pas d'elle, elle dédaignait les petits : « Je veux, disait-elle, faire moi-même mon choix ; je veux un homme très-riche, reçu à la cour, bien fait, beau parleur, sachant composer et chanter des vers en s'accompagnant de la guitare ; il charmerait mes loisirs avec ses chansons.

S'il n'était que riche, s'il n'était pas revêtu de hautes dignités, s'il n'allait pas à la cour, ce serait pour moi un rustre. Je n'en voudrais pas davantage si, mandarin d'ordre inférieur, il était obligé de courber l'échine et de s'humilier devant ses supérieurs.

Je ne voudrais pas d'un beau parleur s'il était trop bruyant en société.

Comment enverrais-je davantage mon acte de naissance à un homme qui, en dépit de sa beauté et de son intelligence, aurait l'air bête devant le monde?

Je ne voudrais pas d'un homme habile à la boxe et au bâton qui, ayant tué son semblable, aurait été en prison.

Saurait-il la guitare et les échecs, si je n'étais pas satisfaite d'un dessin de fleurs que je lui aurais ordonné de me faire, je n'en voudrais pas pour mari.

Je ne voudrais pas d'un homme accompagnant sa chanson à contre-temps avec le *kopaol*[1].....

Et maintenant j'ai quatre-vingt-trois ans et l'on m'appelle

1. *Kopaol*, sorte de castagnette.

vieille peau. Je marche courbée; je ne me marierai qu'après ma mort.

Voici maintenant deux scènes d'intérieur faites pour donner une haute idée de la patience et de la bonhomie chinoise. C'est un veuf inconsolable qui pleure sa femme, un mari ami de la paix qui se laisse battre par sa moitié.

IEO FAN TCHE.

AVOIR DU RIZ A MANGER.

Depuis l'antiquité l'homme vit au milieu du bruit Le savant, le paysan, l'ouvrier et le marchand élèvent chacun une famille. Un nouvel état de choses existe aujourd'hui, messieurs, ne m'en veuillez pas de ce que je vais dire. Autrefois l'homme gouvernait la femme, ce sont les femmes qui ont le pouvoir aujourd'hui. Une catégorie d'individus ont peur de leur femme, écoutez l'éloge que je vais en faire !

Avez-vous envie d'aller à une fête, aussitôt votre épouse donne ses ordres : — Puisque tu vas à cette fête, achète-moi de la soie en écheveau; je veux que tu rentres de bonne heure; ne va pas au moins boire de vin, je t'en supplie ; ne touche pas aux dés ; si tu dépenses ton argent mal à propos, tu peux t'attendre à recevoir une correction de ma main.

Le mari, qui n'a pas une heureuse mémoire, oublie les instructions de sa femme; il part et s'attarde jusqu'après le coucher du soleil, la terre et le ciel sont déjà noirs quand il rentre au logis. A sa vue sa femme s'emporte : « Voleur! brigand ! tu es parti ce matin et tu reviens au milieu de la nuit! Combien t'a coûté la soie? Montre-moi cette soie!

Il y en a deux onces, tu as dû débourser quatre cent quatre-vingt sapèques, tu ne rapportes que deux cent soixante sapèques, qu'as-tu fait de la différence? »

Le mari : « Ma bonne femme, écoute-moi attentivement. A cette fête j'ai rencontré un parent par hasard, il m'a entraîné dans un débit de vin, nous avons bu à plusieurs reprises du vin chaud. Il a payé le vin, j'ai offert le repas qui m'a coûté deux cent vingt sapèques. Voilà le compte. »

La femme furieuse : « Que le vieux ciel te coupe le cou! tu as dépensé mon argent et tu mens encore! » Elle se baisse, se saisit du rouleau à faire les pâtes et frappe son mari sur la tête.

Le mari tombant à ses genoux : « Je vous en supplie, cessez de me frapper, vous ma femme, vous la mère de mes enfants! Si jamais je retourne à la fête, je ne dépenserai plus l'argent. »

La femme, de plus en plus furieuse, porte des coups réitérés; lui se heurte, en s'enfuyant, au seuil de la porte et tombe à la renverse. Elle se précipite pour le tenir dans cette position, elle le mord, elle l'égratigne. Les coups résonnent *ping! ping!* Lui crie, appelle à faire crouler le ciel.

Les voisins effrayés arrivent en foule, ils s'entremettent, et la femme, qui n'en peut mais, fait grâce du reste : « Vous n'êtes donc pas un homme que vous trembliez devant une femme? vous ne pouvez donc pas la dompter?

—Écoutez-moi, dit le mari, Messieurs, je vous en prie, écoutez-moi! Les cadeaux de fiançailles lui furent envoyés à l'époque de notre enfance; j'ai attendu longtemps pour l'épouser. Quand elle eut ses dix-sept ou dix-huit ans, le jour du mariage fut fixé et on l'amena chez moi en chaise rouge. Après avoir fait nos prosternations en face du ciel et de la terre, nous nous assîmes sur le bord du lit et je soulevai son voile rouge pour voir son visage. Elle n'était pas absolument belle, elle était jolie cependant.

« Habile de ses mains, active, elle sait gouverner sa maison, elle est apte à tous les travaux d'aiguille, elle sait broder des fleurs et des nuages. Cinq années durant elle n'a fait que me donner des garçons[1]. L'aîné a de quatre à cinq ans, le plus jeune sait faire *wa*, *wa*, en se frappant sur la bouche avec ses menottes. J'ai de plus une petite fille qui tête encore. Quand je veux rendre ses coups à la mère, tout ce petit monde se met à crier *tcha ! tcha !* Voilà pourquoi je suis indulgent. Pouvais-je prévoir qu'elle prendrait de pareilles habitudes ! J'ai lâché la bride à son caractère... Que faire à présent ? »

A ces paroles chacun de rire *ha! ha!* de le railler.

Mais parmi la foule un vieillard dit : « Messieurs, écoutez-moi. Vous avez tort de vous moquer de notre voisin, car sachez que l'homme qui a peur de sa femme est toujours riche. Regardez, les gens qui ont fait fortune sont ceux dont la femme commande. En ce monde trois catégories d'individus ont peur de leurs épouses, je les reconnais à la physionomie. Les hommes jeunes qui craignent leur moitié ont d'ordinaire les lèvres sèches, les hommes d'âge mûr sont légèrement chauves, et les vieillards ont généralement la barbe en désordre.

« Vous ne me croyez pas, messieurs, ouvrez les yeux : parmi vous il y en a deux dans ce cas ; si ce n'est pas toi, c'est lui. »

UN MARI FIDÈLE PENSE A SA FEMME.

Une clôture en bambou entoure la pauvre cabane. Le triste vent d'ouest chasse la pluie devant lui. Quelques pieds de jaunes chrysanthèmes sont en fleur. Le cœur à la vue de ce paysage est attristé au possible : — Je pense à

1. Avoir beaucoup d'enfants mâles est un mérite chez l'épouse chinoise.

ma femme morte de maladie à la fin de l'hiver dernier. Je compte qu'aujourd'hui il y a de cela plus d'une demi-année. Quand elle vivait ce qu'elle aimait par-dessus tout, c'étaient les chrysanthèmes au pied de la clôture. Elle les avait plantées, elle les soignait sans cesse. Les chrysanthèmes sont encore là ; elle, où est-elle ? A la vue de ces fleurs puis-je ne pas penser à ma bonne femme ? Depuis le jour où elle est entrée chez moi, elle a toujours rempli ses devoirs d'épouse. Elle n'était pas inhabile aux travaux féminins, à la broderie. Au dedans, au dehors, la maison était toujours balayée et propre. Pour apprêter nos repas, elle avait un goût très-délicat. Une visite arrivait-elle, le thé était prêt ; du thé *choulan* ou du thé *Ouï*. Elle savait dessiner de nouveaux modèles de fleurs qu'elle brodait ensuite. Elle filait le coton au rouet et le tissait à la navette. Dans les coffres étaient rangés en bon ordre la soie, le satin et les vêtements pour les quatre saisons. Le soir venu elle ne voulait pas se coucher de bonne heure ; à la lueur de la lampe elle lisait le *nu shun*[1]. Elle faisait des économies afin de m'aider, et employait le superflu en achats d'ornements de tête tout or et tout perles[2]. Respectueuse et soumise vis-à-vis de son beau-père et de sa belle-mère, elle mettait tout son cœur à soigner les enfants. A l'époque des chaleurs, elle avait le soin de chasser les moustiques de ma moustiquaire, à l'automne elle s'occupait de mes habits contre le froid. Nous avons vécu en parfaite union pendant plusieurs années. Jamais aucune mésintelligence n'est survenue.

Aujourd'hui ton portrait seul me reste, accroché sur le rideau mortuaire. Ton âme parfumée, invisible s'en est allée vers l'ouest[3]. Mes vieux parents à ton souvenir ne font que gémir. Pour moi je soupire. Dans mon sommeil je ne

1. Livre d'instruction pour les femmes.

2. C'est la coutume parmi les Chinoises de se faire ainsi un petit pécule d'objets gardant leur valeur intrinsèque.

3. C'est à l'ouest, d'où Bouddha est venu, que ses sectateurs placent leur paradis.

vois pas ton charmant visage et j'entends les pleurs de nos enfants. Seul, couché, j'entends le veilleur qui frappe les veilles. Je ne vois même pas ton ombre devant la table à toilette. Je songe bien à me remarier, à épouser une vertueuse femme, je n'ai pas, hélas ! d'argent dans ma bourse et je n'en trouverais pas à emprunter.

Je ne saurais jamais oublier ton amour. Nous sommes sur deux routes différentes, la route de la mort et la route de la vie. Quand nous rencontrerons-nous? Comme un miroir brisé nous sommes ! Nous sommes comme deux bons oiseaux habitant deux endroits différents dans la même forêt ! à qui confier ma souffrance?

Tous les Chinois ne sont pas aussi bons maris ; la Chine a ses Don Juan, fatalistes, dédaigneux des devoirs et des rites et tout entiers à leurs passions.

CONSEILS A UN HOMME MARIÉ.

Les journées du printemps sont longues, les fleurs du printemps ressemblent aux fleurs brodées.

Van-ting-kouei, assis dans sa bibliothèque, une jambe croisée sur l'autre, réfléchit en fredonnant une chanson de réussite amoureuse. Il aime madame *Nanloou*. Que de combats il lui a déjà livrés sur le champ de bataille des amours !

— « Comment ne l'aimerais-je pas, elle si aimante ! Et que m'importe d'avoir été le camarade d'école de son mari ! Lorsque je l'ai quittée, elle m'a recommandé à plusieurs reprises d'aller la revoir en passant par dessus le mur, cette nuit. Tristement je relève la tête, car le soleil ne fait que de paraître et éclaire à peine les rideaux de la fenêtre, *ai ya!* qui donc viendra me donner le moyen d'aller sans retard chez elle? Mais j'entends quelqu'un tousser. Quel ennui, c'est ma pauvre femme.

La femme. — « Ah! monsieur! quel temps magnifique! Vous ne lisez pas; votre esprit est donc toujours occupé de cette madame *Nanloou?* Vous oubliez la gloire littéraire qu'on acquiert dans les examens. Ce n'est pas que je veuille vous sermonner. Toutefois, vous, d'une famille de lettrés, vous, d'une famille où l'on respire le parfum des livres, vous, qui aviez toutes les dispositions pour l'étude, vous devriez connaître les rites et les devoirs. *Nanloou* est votre ancien condisciple, et des études communes, sous la même fenêtre, sont presque des liens de parenté. Comment alors osez-vous lui ravir sa femme? Vous en avez une à la maison qui apprête le riz; pourquoi aller rôder autour du fourneau d'autrui et flairer l'odeur de sa cuisine? Un mot encore: On peut remettre un carreau en papier que l'on a déchiré, il est difficile de réparer le mal que vous aurez causé à cette femme en la détournant de ses devoirs. Si *Nanloou* venait à apprendre vos menées, votre amitié serait brisée. Faire son devoir, voilà la chose importante pour l'homme. Étudiez plutôt des morceaux de littérature. »

A ces mots, *Vang-ting-kouei* ouvre les yeux et se met à éclater d'un froid rire: *Ha! ha!* et, regardant sa femme:

« Rappelle-toi ces belles paroles d'un ancien: *Les fleurs cultivées du jardin ne valent pas les fleurs sauvages des champs.* Elle et moi, nous nous aimons. Puis-je oublier ses faveurs? Fi donc! fi donc! Tu sens le vinaigre de la jalousie, et cette désagréable odeur a détruit en moi le parfum exquis de l'autre femme, pierre précieuse que j'ai ravie. »

La femme. — « Hélas! monsieur, mes paroles sont d'or et de pierre précieuse; pourquoi me traiter de la sorte? La luxure, dit le proverbe, est le premier des défauts. Réfléchissez aux conséquences de votre conduite. »

Vang-ting-kouei. — « Peu m'importe: la vie et la mort sont fixées à l'avance! je poursuis, moi *Vang-ting-kouei*, ma carrière de séducteur, sans m'inquiéter du châtiment réservé à ma conduite. Peut-on, en effet, quitter ce qui vous fait plaisir? quant à nous deux, séparons-nous, cela m'importe peu, comme si un sabre coupait les liens qui nous unissent. »

La femme alors pleure à chaudes larmes : — « Mon mari, hélas ! ressemble au morceau de bois vieux et pourri que l'on ne saurait plus sculpter ; tout est inutile ! »

Elle pousse de longs soupirs et se retire dans sa chambre. Quant au mari, il franchit de nouveau le mur ce soir-là.

D'autres maris, moins pervers sans doute, mais répréhensibles cependant, laissent leurs femmes seules à la maison et s'en vont boire le thé, fumer l'opium, ou croquer des graines de pastèques au théâtre.

CONFIDENCES DE DEUX BELLES-SŒURS.

(IMITÉ DE YU PAEI YA.)

En vente à l'enseigne *i shin tien*.

Le soleil est tiède, la brise est tiède, le ciel est clair, la fleur du pêcher est rouge, le saule reverdit. Magnifique printemps ! une hirondelle est entrée par le store et voltige. Sur les arbres chantent les oiseaux, le jeune homme de mérite marche dans la rue le nez au vent, tous les promeneurs regardent des fleurs.

Les jolies femmes restent seules assises à la maison, leur cœur est agité et elles n'ont point de goût à la broderie. Elles ont un chagrin, c'est l'indifférence des maris qui s'en vont le jour et ne reviennent qu'à la nuit.

— Il me fait horreur, quand il revient abruti par l'ivresse. Rien d'aimable à me dire! il dort jusqu'à la cinquième veille, comme de la boue, sans s'occuper de moi; il ne pense pas aux ébats amoureux. J'en veux à mes parents de n'avoir pas réfléchi et de m'avoir mariée par force.

Que m'importe ma réputation! Je vais à la porte, regarder, choisir un tout jeune homme et l'aimer secrètement. Que cet ivrogne agisse à sa guise!

Tandis qu'elle se livre à ses pensées amoureuses, son visage rougit au feu de sa passion brûlante. Soudain elle entend tousser doucement. C'est la sœur cadette de son mari, sa petite belle-sœur qui arrive.

La femme mariée : — Pourquoi ta figure respire-t-elle une si profonde tristesse? Es-tu malade? Il faudrait prier un bon médecin...

La petite belle-sœur : — Belle-sœur *ya!* je ne suis pas malade, mais j'ai un chagrin dans le cœur.

La femme mariée souriant : — Fillette, tu as seize ans, tu es jeune, quel est donc ton chagrin? tu manques, n'est-ce pas, d'un joli mari? Seule à la lueur de la lampe tu reposes. Sans nuage pas de pluie! Je dirai à ton père de se dépêcher de dresser ton acte de naissance et de te marier.

La petite belle-sœur joyeuse : — Bonne belle-sœur, tu es très-intelligente, dis à mon père que je ne veux pas d'un homme adonné à la boisson. S'il ressemblait à mon frère, l'amour pour moi n'irait pas mieux que pour toi.

La femme mariée : — Fi donc! tu n'as pas honte, ta parole est acérée, tu as touché à la plaie.

La petite belle-sœur : — Belle-sœur, dis à mon père de me choisir quelqu'un de ma condition, jeune, beau, mieux que tous les autres. Le proverbe dit : la fleur avec la fleur, le saule avec le saule, entente de deux cœurs font cent années d'heureux printemps.

Imprudents maris! L'épouse abandonnée se rejette volontiers sur le beau-frère, plus jeune, ou sur le premier galant qui passe.

Madame *Pran tchin léen* se dépêche d'ouvrir la porte : — Vous voilà de retour, beau-frère? votre frère n'est pas à la maison, il vend de la galette dans la rue. Restez près de moi, un vent glacial souffle dehors, les nuages sont rouges et nombreux, la rue est couverte de neige; je vais faire acheter de bon vin pour vous en offrir.

LUI. — Écartez-vous de moi, si vous voulez que je vous verse du vin; le proverbe dit : Beau-frère et belle-sœur ne doivent pas causer ensemble.

ELLE. — Vieux ciel! pourquoi ne fais-tu pas mourir mon mari, qui, toujours dehors, laisse se passer ma jeunesse. Quand je pense aux joies que je ne goûte pas, j'ai envie de me pendre; je meurs de colère et d'ennui.

Le jeune beau-frère résiste, comme on voit. Les Chinois, dans leurs chansons, affichent un grand respect pour tout ce qui touche à la morale. N'allez pas vous y fier cependant : l'habitant du Céleste Empire, esprit de juste milieu, philosophe à la manière d'Horace, ne pratique jamais que la moitié des beaux préceptes dont il est si prodigue.

Le vin, l'amour, les richesses, la colère : — Le vin est un poison qui ensorcelle l'homme. — L'amour est un couteau d'acier qui gratte les os. — La richesse est le tigre descendu des montagnes, qui veut que rien ne lui résiste. — La colère est la source des querelles.

Ces quatre choses ne servent à rien, il faut les effacer d'un trait de pinceau.

Cependant, sans le vin, comment traiter ses amis? Sans l'amour, la race humaine disparaîtrait. Sans les richesses, que serait le monde? Sans colère, on est la victime d'autrui...

Ces quatre choses ont leur côté utile, il s'agit seulement de s'y tailler un habit à sa mesure.

Mais les chansons les plus nombreuses, celles que le Chinois préfère, sont encore les chansons d'amour, disons le mot : les chansons de courtisanes, chantées par elles, et dans lesquelles presque toujours elles se mettent en scène pour se plaindre, se réjouir, railler ou louer leurs amants.

Peuple à l'imagination endormie, les Chinois ont besoin de ces courtisanes, de ces chansons pour s'émouvoir, comme d'opium pour rêver et échapper, ne fût-ce qu'un instant, à l'existence monotone, toute de règle et de convention, que leur font les habitudes sociales.

Le grave lettré va les voir, les courtisanes de Soutchoou ou de Hangtchoou : *Océan de jade*, *Perle* et *Or*, *Jade parfumé*, comme Socrate allait voir Aspasie, et le jeune homme se fait beau pour elles.

TCHING TOUO TCHING

SENTIMENTS D'AMOUR RESPECTUEUX.

Depuis le jour où nous nous sommes liés, je t'estime plus que personne au monde; tu m'es de beaucoup supérieur par la beauté du visage et le caractère. Pas la moindre poussière sur tes vêtements! ta figure est brillante comme si tu employais la poudre de riz, sans rouge ta lèvre est rouge. Quand il quitte son chapeau, on voit sa tête proprement rasée et sa tresse luisante. Tes dents ressemblent à deux rangées de pointes de jade. Avant même de t'entendre parler, on est séduit par ton air avenant; tes deux beaux yeux savent distinguer les bonnes et les méchantes gens. Tu es aussi beau que *Vei tchi* et *Pran an*[1]. Homme favorisé du ciel du côté de la beauté et de l'intelligence! homme d'humeur égale! cœur brodé de fleurs de soie! bouche de soie! Tous les genres de poésie, tu les sais composer. Luth, jeu d'échecs, littérature et dessin, tu connais tout. Ta main est légère au jeu des doigts[2]. Ta renommée est grande pour la guitare et le chant. Je ne saurais me rappeler toutes ses chansons, tant il en savait! Quelle voix merveilleuse! quel talent merveilleux à s'accompagner du *kopaol!* On l'entendait d'abord jouer un air sur la *pipa* ou la *shiendze*[3]; puis il chantait en s'accompagnant du *kopaol*, et la mesure était bien marquée.

Assise sur ses genoux, j'ai appris à jouer plusieurs airs de guitare.

Je lui ai offert en souvenir des ornements de tête, un mouchoir, un étui en argent pour protéger les ongles[4], de mes cheveux, un bracelet en or, deux grandes épingles à cheveux, l'une plate, l'autre recourbée des deux bouts, un petit miroir.

Il venait me voir sans cesse. Son amour était profond. Je veux m'attacher à ce bon garçon, je veux m'attacher à ce bon garçon, je veux m'attacher à ce bon garçon!

Mon amour ne ressemble point à un clair bouillon de riz.

Unis, nous arriverons à la vieillesse. Je veux suivre ta loi. Faisons ce serment devant la terre et la mer.

Car elles aiment sincèrement, du moins à en croire

1. Personnages de la dynastie des *Soung* célèbres par leur beauté. D'après la tradition, les femmes, quand ils passaient dans les rues, leur jetaient des fruits pour les agacer.

2. Jeu de morra, où le perdant est condamné à boire.

3. Instruments à corde : la *pipa* à quatre cordes affecte la forme d'une guitare ; *shiendze*, violon chinois.

4. Les Chinoises élégantes se servent d'étuis pour conserver leurs ongles longs et en bon état. Ces étuis en argent sont quelquefois finement ciselés.

leurs chansons, les petites Aspasies de l'empire du Milieu.

SHIANG TOUO TCHING

PENSERS D'AMOUR.

Celui à qui je pense sans cesse est venu aujourd'hui. Sur mes sourcils, dans mes yeux, on lit mon bonheur. Quand il est entré, je lui ai demandé de ses nouvelles, j'ai épousseté la poussière de ses habits, de son chapeau. J'ai ordonné à la vieille servante d'apporter un linge pour la figure. Mon bonheur est complet.

Je te revois aujourd'hui ! c'est aujourd'hui, c'est aujourd'hui ! Je suis comme si j'avais pris une médecine qui rend le cœur joyeux. A cause de toi j'étais tombée malade. Je désirais te voir, je désirais ta venue. Tu arrives, et je suis guérie.

Écoute : les pies n'ont fait que jacasser *tcha! tcha!* c'est extraordinaire ! elles jacassaient *tcha! tcha!* elles jacassaient *tcha! tcha!* Hier au soir la lampe a crépité, les feuilles de thé flottaient perpendiculairement dans la tasse[1].

A ta vue je ris, je parle, je ris. J'ai jeté au loin ma maladie. Je dis à la jeune servante d'apporter des chaises et une table. Sur ma poitrine je tiens une guitare et je chante d'abord une chanson *pran touo tching* exprimant le désir amoureux; puis on joue au jeu des doigts et aux devinettes.

On joue, on rit, on chante. La voix monte, puis s'adoucit.

1. Les pies qui jacassent, la lampe qui crépite, les feuilles de thé qui flottent perpendiculairement, etc., sont regardées par les Chinois comme autant d'heureux présages.

On a en Chine deux manières d'offrir le thé : en le versant d'une même théière, comme en France, et plus souvent en servant à chaque convive une petite tasse à couvercle avec une pincée de thé en train d'infuser.

On s'amuse, on s'amuse. Tout à coup la passion se fait jour. Deux par deux on entre sous la moustiquaire en soie...

Le vent d'est secoue l'arbre de jade. Je ne veux ni me séparer ni m'éloigner de toi; ce n'est pas une feinte de ma part, je ne veux ni m'éloigner ni me séparer de toi. Je suis comme si j'avais avalé la poudre qui ensorcelle. Je te le dis, et tu ne le crois pas. Veux-tu que je m'arrache le cœur et que je te le montre? Un conseil que je te donne: ne t'amuse pas en route, ne te laisse pas séduire par les charmes des autres femmes.

Que de remontrances quand l'amant s'en va! et si c'est pour longtemps, quelle tristesse et que d'amoureuses recommandations!

Je te remplis à moitié une tasse de vin. — Je te conseille même d'en boire quelques tasses, homme que je déteste. — Quand tu seras gris, — ma main tenant la tienne, je t'entraînerai dans la chambre parfumée. — Demain tu partiras: — à qui confierai-je alors mes chagrins? — Ne t'attache pas à une autre résidence au point de ne plus vouloir revenir. — Nous nous sommes rencontrés il y a quelques jours à peine, et l'instant de notre séparation est devant nos yeux. — A peine unis, nous nous quittons; — il nous reste cependant beaucoup de choses à nous dire. — Nous ressemblons au cerf-volant dont le fil a cassé. — Tu es un voyageur *ai ai ya!* — Tu es un homme précieux *ai ai ya!* — En bateau, à cheval, sois prudent. — Le soir ne t'accroupis pas sur l'avant du bateau. — Tu es un homme plein de lumières *ai ai ya!* — intelligent *ai ai ya!* — le premier par les lumières et l'intelligence. — Toi parti, personne ne saura me comprendre *ai ai ya!* — Un conseil : ne cueille pas les fleurs fraîches sur le bord de la route. — Semblable à la fleur *haï tang*[1] qui va s'épanouir, je t'attends ici.

1. Pyrus japonica.

J'apprends que tu vas partir, et mon âme s'envole. Un mouchoir de soie à la main, je pleure mon précieux amant. Je te souhaite un vent favorable et un voyage rapide. Quand tu seras chez toi, je t'en prie mille fois, dix mille fois, écris-moi.

Nous nous connaissons depuis quelques jours à peine *ai ai ya!* et l'instant de la séparation est devant nos yeux. A peine unis, nous nous quittons.

J'ai un mot à te dire : *ai ai ya!* Tu t'en vas; j'ignore le jour où nous nous reverrons. Tu es un voyageur *ai ai ya!* tu es un homme précieux *ai ai ya!* En bateau, à cheval, sois prudent *ai ai ya!* Le soir ne t'endors pas sur l'avant du bateau *ai ai ya!* Tu es un homme intelligent *ai ai ya!* tu es un homme fin *ai ai ya!* intelligent, fin, le premier par l'intelligence *ai ai ya!*

Quand tu ne seras plus là, personne ne comprendra mon cœur. Un conseil : ne cueille pas de fleurs fraîches sur ton chemin. Je suis comme la fleur *hai tang*, qui attend pour s'épanouir.

OU CONG CHE SOUNG

LES CINQ VEILLES ET LES DIX STATIONS.

A la première veille, il franchit le mur blanc ; les mains appuyées sur la balustrade, il regarde à l'intérieur : — une belle personne est assise à côté d'une chandelle rouge qui brûle ; — de ses dix doigts effilés elle brode des sarcelles, emblèmes d'éternel amour.

A la deuxième veille, il écoute ; — la demoiselle ouvre la porte en riant et de ses deux mains lui prend la ceinture : — « Cœur de pierre précieuse ! » repète-t-elle à plusieurs reprises.

A la troisième veille, il entre dans la chambre de la demoiselle. — Les mains enlacées, ils se dirigent vers le lit d'ivoire; elle soulève la couverture rouge: — le rouge de sa lèvre, le fard de ses joues sont parfumés!

A la quatrième veille: — « Hélas! ma peau fine et ma chair blanche ne peuvent s'éloigner de toi. — Aujourd'hui dormons ensemble jusqu'à l'aube, jusqu'à la cinquième veille. »

A la cinquième veille, le jour paraît. — Elle bat le briquet et allume la lampe[1]: — « Mes manches sont doublées de jaune; — ô mon frère, tes manches sont longues. »

« Je veux te faire la conduite jusqu'à la descente du lit. — Ta petite sœur a entre les mains deux *tiaos* d'argent: — l'un est pour ton voyage; — l'autre, pour acheter des objets en route.

« Je t'accompagne jusqu'à la porte de la chambre; — j'ouvre la porte sur laquelle est appendu le sapèque de la parfaite tranquillité[2]. — La parfaite tranquillité, c'est le souhait que je fais pour toi.

« Je t'accompagne jusqu'au salon des hôtes. — Les plaques de verre suspendues sous l'auvent de la toiture se heurtent *ting tang* et résonnent. »

Tous les deux pleurent et causent lentement: — « Frère bien-aimé, tu t'en vas! quand reviendras-tu? »

« Je t'accompagne jusqu'à la grande porte d'entrée. — La neige tombe à flocons. » — De la main gauche elle tient un parapluie à la mode du jour; — de la main droite elle relève la robe de son ami.

« Je t'accompagne jusqu'au pont *yué lou tchiao*. — Le vent qui souffle a fait s'entortiller ma ceinture autour de tes reins. — Nos deux pensées sont séparées comme le sont

1. *Chiao mei* petite sœur cadette, *chiao tchié* petite sœur aînée, *ko ko* frère aîné, *lang* jeune homme, *tchiao lang* beau jeune homme, *tchiao jen* bel homme, *yuan tchia* mon détesté, sont des expressions consacrées dans le vocabulaire amoureux chinois pour signifier amant ou amante.

2. *Thae ping tchien* sapèque de la parfaite tranquillité, sorte de talisman fait d'une pièce de monnaie portant inscrits ces quatre caractères : *Ou dze tong ko*, vos cinq fils réussiront.

par la voie lactée les deux étoiles *Niou lang* et *Che nuu*[1].

« Je t'accompagne jusqu'au pavillon qui est à mi-chemin. — Nous allons nous séparer là. — Mais qu'il est difficile d'apaiser le sang qui brûle dans nos cœurs! — Mon cœur ne peut se séparer de mon bien-aimé.

« Je t'accompagne jusqu'au petit pont. — Je m'appuie sur le parapet et je regarde : — une pluie fine tombe continuellement dans l'eau. — Mon frère bien-aimé, tu t'en vas! quand reviendras-tu?

« Je t'accompagne jusqu'au jardin du sud. — Dans le jardin poussent des tulipes et des chrysanthèmes. — Le chrysanthème meurt; — quand on coupe les pousses des tulipes, la racine reste. — Mon frère bien-aimé, tu t'en vas! quand reviendras-tu?

« Je t'accompagne jusqu'à *Tchoou tche van*. — La route est sinueuse et l'on voit les pivoines en fleur : — elles fleurissent entre des treillis de bambou. — Voir les fleurs est chose facile ; le difficile est de les cueillir.

« Je t'accompagne jusqu'à cette charmille de *Kan lan*[2]. — Sous la charmille on respire le parfum des fruits. — Je cueille un fruit de l'arbre *Kan lan* et te le mets dans la bouche. — Réfléchis au goût de ce fruit, — d'abord amer et puis si doux!

« Je t'accompagne jusqu'à la treille des roses blanches. — Sous la treille on respire le parfum des roses; — je cueille une rose et la mets dans ta main. — Les fleurs cultivées n'ont pas le parfum des fleurs sauvages. »

L'absence se prolonge : ce sont alors des plaintes, des regrets, des reproches. La délaissée pleure, d'autres fois elle est jalouse ; elle voit son bien-aimé en rêve ; elle va au temple consulter le sort.

1. *Niou lang* le pasteur (capricorne), que par une fiction mythologique les astronomes chinois font l'époux de *Che nuu*, la tisseuse céleste (étoile vega, *a* de la Lyre). *Marquis d'Hervey Saint-Denys.*

2. *Kan lan*, fruit amer qui ressemble à l'olive.

A la lueur de la lampe, les larmes couvrent mes joues. Je soupire après mon amant depuis le crépuscule jusqu'au chant du coq. Plus je pense, plus je réfléchis, et plus je suis en colère. Mes oreilles entendent le bruit du vent, mes yeux voient la pluie tomber sur les feuilles de bananier. Malheureuse moi! Je pleure, et mon petit homme ne vient pas. Homme sans cœur! quelle femme aimes-tu?

Je crains l'arrivée du crépuscule; mais le crépuscule arrive. Pour moi, seule, assise tristement, la nuit est éternelle.

Alors, désœuvrée, je prends le miroir et me regarde: Vieux ciel, hélas! quelle maigreur! Je savais cependant que l'ingrat me traiterait de la sorte, amant sans cœur! et qu'il me rejetterait à mi-chemin.

J'ai des pieds déformés et de petits souliers rouges et fleuris: comment aller te chercher? Je réfléchis, je renonce à ma vie de peu d'importance. C'était ma destinée à moi, ta petite sœur cadette. Je t'accuserai devant le prince *Ien*[1], et il t'atteindra, sans que tu puisses te réfugier nulle part.

Mal d'amour[2] n'a point de remède:—il me rend comme folle, comme saoule de vin.—J'attends, et tu ne reviens pas. — Je suis faible et maigre. — Je n'ai pas le courage de me coiffer. — J'éloigne mon miroir, l'âme en suspens. — Je soupire couchée sur mon *lit d'ivoire*. — J'ai peur d'éteindre ma lampe. — Je ne fais que sommeiller sans dormir. — Que je souffre! Je rêvais: il m'est apparu soudain; — il m'a appelée petite sœur, il m'a appelée petite sœur. — Je rêvais: je l'ai vu entrer dans ma chambre, me saisir la main. — La joie était sur son visage: « Ma petite sœur! — Aujourd'hui je suis venu exprès pour dormir à côté de toi, je suis venu exprès pour dormir à tes côtés. »

1. *Ien wang*, souverain juge des enfers.
2. *Siang se ping*, mal de pensée.

Je l'ai repoussé de mes deux mains : « Ces jours derniers tu n'es pas venu : qui aimais-tu? Si tu es bien avec elle, pourquoi reviens tu? — Quand je parle de cela, quelle douleur! — *Ai ya! Ai ya!* Quand j'y pense, mes larmes s'égrènent comme des perles. Quel jour! quel instant *Ai ya! Ai ya!* Mes pensées ne sont-elles pas pour ton retour? — Hélas! je pense à toi et je pleure. — Hélas! hélas!

A ce moment la quatrième veille retentit et m'éveille. — La sueur parfumée pénètre mes couvertures. — A qui confier mes peines de cœur?

Je prends le pinceau; mes larmes tombent sur le papier doré. Je t'écris une lettre de sentiment, — à toi, mon bien-aimé. Depuis l'instant de notre séparation, qui le dirait? plusieurs mois se sont écoulés; — et tu as oublié nos serments grands comme la mer et la montagne. — Tu es jeune : se peut-il que tu sois indigne d'être cru et que tes paroles ne répondent pas à ton cœur? — Je t'écris aujourd'hui cette lettre[1] pour te prier de revenir rapide comme le feu. — J'ai quelque chose, une importante requête, à t'adresser. Si par hasard tu te trouvais heureux là-bas, si tes affaires te retenaient, si tu ne pouvais pas t'éloigner, écris-moi une réponse, et tu trancheras cette pensée qui me lie à toi. — Ne mets aucun retard : c'est important! — C'est important! J'attends, appuyée contre la porte, une nouvelle heureuse.

L'arbre *Ou toung*[2] perd ses feuilles que le vent d'or[3] emporte. La fleur du *tan kouéi* est parfumée, la fleur *hai tang*

1. *Tsaodze* : écriture cursive.
2. *Ou toung* : *dryandra*. *Tan kouei* : cannelier.
3. Vent d'or, vent d'automne qui emporte les feuilles jaunies.

est rouge. Qui donc cette nuit à la troisième veille jouait du luth?

Celui qui en jouait ne s'inquiète pas de ma peine.

Mon mal d'amour est cruel *ai ai ya!* mes crachats sont rouges; chaque jour mon mal empire. Je vais mourir parce que j'aime trop *ai ai ya!* En parler est inutile *ai ai ya!* Triste! triste! et il n'y a pas de remède *ai ai ya!* Mille et dix mille pensées de colère et de tristesse sont dans ma poitrine. Puisqu'il ne vient pas, il devrait au moins écrire. En partant tu as laissé ma chambre vide.

Au printemps je souffre. Le vent d'automne m'ébranle encore davantage, le vent d'automne m'ébranle encore davantage.

Les entrevues sont rares, la séparation est grande. Les mille torts, les dix mille torts, j'ai tous les torts. Ma faute a été de me donner à lui.

Je ressemble à l'hirondelle veuve voltigeant sur une plage et que va tuer le chasseur. Nos cœurs sont séparés comme les deux étoiles *Niou lang* et *Che nuu*. J'ai beau réfléchir, je n'ai que des regrets. Je ressemble à la fleur fraîchement éclose et aussitôt brisée par la pluie et le vent impétueux. Qui donc est aussi seule, aussi délaissée? Triste destinée! Que faire?

MONG TOUO TCHING

LE RÊVE.

L'objet de mes pensées m'est apparu dans un rêve, — pour m'aimer. — Je l'ai reçu avec un visage souriant; — nous sommes entrés dans la chambre nous tenant par les poignets; — nos épaules parfumées appuyées l'une contre l'autre, nous étions assis. — J'ai dit à la petite servante de laver les tasses à thé.

La venue du bien-aimé m'a guérie. — Je lui ai dit l'état de mon cœur depuis notre séparation, — je le lui ai expliqué : — « Quel bon vent vous amène? — Je n'en veux pas à ton argent; — ce n'est pas non plus ta haute position qui m'attire : ce que je désire, c'est voir sans cesse ton visage. — Regarde : l'araignée a tissé sa toile dans la maison; — présage de ton prochain retour, hier la lampe a crépité; l'araignée tisse, tisse sa toile.

Je me rappelle la dernière fois que je t'ai vu. Je n'ai point été ingrate ;—toi, as-tu oublié ce qui s'est passé?—Extraordinaire, très-extraordinaire : jour et nuit je me demandais pourquoi tu ne venais pas. — Mais à ta vue mon cœur s'épanouit.—Je suis très-heureuse, je suis très-heureuse, je ne suis plus malade.

J'ai dit : Servez le vin sans retard!—Je t'offre à boire avec respect dans une tasse semblable à la fleur *meihoua* [1]; — je veux que tu boives lentement cette tasse. — J'ai appris à jouer les trois modes sur la guitare; — mais je ne chanterai point ce qu'on chante d'ordinaire à table : *Shiang touo tching, Pran touo tching, Itouo tching* [2]. Rions au contraire et causons de choses gaies.

Mais voici l'heure des épanchements : la lune paraît à la fenêtre. — Tout à coup retentit le gong du veilleur de nuit qui frappe la première veille;—mon amant fait enlever le vin : « Allons dormir! »—Serments d'amour profonds comme la mer, hauts comme les montagnes!

Je dis à la petite servante de brûler des parfums pour parfumer les rideaux du lit et la moustiquaire rouge, — je dis cela à la petite servante. — Heureux moment!.... Mais précisément la petite servante, qui ne comprend rien à

1. Prunier qui fleurit en hiver.

2. Chanson du désir, chanson de l'attente, chanson du respect amoureux.

ces choses, m'appelle, m'éveille en sursaut, et fait s'envoler mon rêve d'amour.

Beau jeune homme, tu dis que j'ai tort! Alors nos cœurs étaient unis et nous nous sommes fait des serments. Aujourd'hui tu rejettes mon amour par delà les nuages.

Hélas! je te le demande, pourquoi hier au soir en passant devant ta maison vous ai-je aperçus, toi et elle, par une fente de la porte, buvant du vin, jouant au jeu des doigts? La guitare, le *Ho tchin*[1] résonnaient: *ting ning! toung noung!*

Vous vous êtes dirigés ensemble vers le rideau. Autrefois tu me priais de venir chaque soir. Je voulais entrer brusquement; mais j'ai craint d'interrompre vos ébats, et je suis revenue ici.

Tu as manqué à ta parole, mais je ne t'en veux pas. Tu dis que les torts sont de mon côté, beau garçon: tu m'étonnes; et, si je m'écoutais, je raserais mes cheveux pour me faire bonzesse.

Jamais plus je n'irai dans ta maison. C'est fini, c'est fini. A la vie, à la mort, je te quitte.

HEN TOUO TCHING

SENTIMENTS DE HAINE.

Ma taille s'est amincie; mes bras et mes jambes sont maigres. J'ai dans le cœur quelque chose et je n'y ai rien. Je veux l'expliquer, et cela m'est difficile. A qui confier mes peines de cœur? Je suis à l'agonie et je n'ose ni me

1. Instrument à cordes.

coiffer ni me mettre du rouge à la lèvre inférieure[1]. Je ne mets pas de rouge et je voudrais en mettre. Je fais fi du rouge, je le laisse de côté. Je ressemble à du fard qui aurait perdu son parfum. Je pense à l'époque où un amour intime nous unissait : nos pensées étaient unies, nos idées étaient unies, nos cœurs étaient unis. Nous croyions ne devoir nous séparer jamais. Aujourd'hui tes idées sont changées. Sur le point de me quitter, tu avais l'air de ne plus vouloir de moi et tu avais de la peine à me repousser. Tu semblais me repousser et tu paraissais ne pas le vouloir. Je me disais en moi-même : Mes sentiments ne sont donc pas visibles? ils sont réels cependant !

Je cache la moitié de mon amour, je laisse paraître l'autre moitié. Un moment mon amour diminue, un autre il se montre plus violent. L'amour ne se commande point. Quelle femme te désire autant que moi? Mon cœur est stupide, mes idées sont stupides, mes sentiments sont stupides; mon amour pour toi me rend plus stupide encore. Mes pensées à ton égard, moi seule les connais. Je me dis : Il me reviendra un jour. Je désire recevoir une heureuse nouvelle. Je me répète que je recevrai la nouvelle heureuse de ton retour. Appuyée sur l'oreiller, j'attends l'heureuse nouvelle qui ne vient pas. Quand donc te reverrai-je?

Depuis longtemps je n'ai pas vu son visage. J'ai été au temple consulter le sort.

Si j'obtiens un numéro favorable, je pourrai le revoir; si le numéro est défavorable, je le rencontrerai difficilement.

Bouddha m'a donné un numéro qui n'est ni favorable ni défavorable.

1. Les Chinoises, qui, dans leur toilette, exagèrent l'emploi du fard, se plâtrant les joues et se teignant en noir les sourcils, ont aussi l'habitude de dessiner au milieu de leur lèvre inférieure un rond rouge de la grosseur d'une cerise.

Hélas! que penser? que croire? que supposer? Que je suis malheureuse! que je suis malheureuse! que je suis malheureuse!

Je pense à mon bien-aimé et je déteste mon bien-aimé. Plus je pense à lui et plus je le déteste, plus je réfléchis et plus je le déteste. Je rentre en moi ma colère, je dévore mes plaintes. Je pense à mon bien-aimé : il m'a traité avec amour et bonté jadis, et mon cœur ne l'a point oublié.

Depuis le jour de notre séparation il ne m'a jamais écrit: — Tu aimes ailleurs. Je grince des dents de colère, je t'insulte quand j'y pense, *ai ai ya!* Je regrette de m'être donnée à lui, *ai ai ya!*

Puisqu'il ne vient pas, il devrait au moins écrire. — Te rappelles-tu les circonstances de notre liaison? Tu es venu dans ma chambre ; à deux genoux tu étais, tu me suppliais de t'empêcher de mourir. D'abord je ne voulais pas accéder à ta demande. Mon cœur et mes entrailles sont faibles, et sans réfléchir je me suis donnée. J'ai cédé, et tu me rejettes aujourd'hui.

Nos sentiments étaient sincères: je ne pouvais m'imaginer que tu prendrais un détour. Tu t'attaches à la première jolie femme venue. Ton âme n'est pas compatissante. Homme qui a perdu son cœur, homme sans cœur! la vengeance céleste est sur ta tête.

Je t'aime sincèrement pour sept parties sur dix [1]; je ne te déteste que pour deux ou trois, et encore c'est sur mes lèvres et non dans mon cœur. Devant le monde je ne puis dire que je pense à toi: je dis donc que je te déteste, mais c'est sur mes lèvres et non dans mon cœur.

Tu es intelligent: ce mot détester, ne va pas le prendre au sérieux.

1. L'expression : dix parties, en chinois *che fen*, correspond à l'adverbe français absolument. Ainsi l'on dira en chinois d'une femme parfaitement belle : une femme belle pour les dix parties. On dira également d'un malade qui se rétablit : il est guéri déjà pour

Ailleurs, songeant sans doute à ses petits pieds déformés qui l'empêchent de poursuivre celui qu'elle aime, elle chante [1] :

Beau garçon, tu es parti et tu m'as laissé le mal d'amour qui me torture. Toujours tu es accroché dans ma poitrine. Je ne pense ni au thé ni au riz ; je suis comme folle, comme folle, comme idiote, comme idiote. A cause de toi je ne me coiffe plus. Je crains de porter des fleurs nouvelles dans mes cheveux [2]. Je n'ai pas le courage de m'approcher de ma table à toilette. A force de t'attendre, mes yeux se sont troublés. Que je suis à plaindre ! je pense à toi, et tu ne viens

sept parties ; pour les trois autres parties, il ne va pas bien encore, etc., etc.

1. La coutume de déformer les pieds aux filles va se perdant tous les jours.

Il y a environ 700 ans seulement, *Yao néang*, concubine du prince de Nan tang (Nankin), fut la première, ayant sans doute les pieds naturellement déformés, à se les envelopper de bandelettes de soie. Ses pieds, disent les lettrés, ressemblaient au croissant de la lune.

Elle donna ainsi le ton à la mode, et la volonté du prince fit de cette mode une loi.

Mais, les Mantchoux étant arrivés, la loi tomba en désuétude, et l'on ne se déforma plus les pieds que par coquetterie.

Aujourd'hui, un Mantchou qui épouse une Chinoise ne veut pas qu'elle ait les pieds déformés. La déformation des pieds exigeant un costume spécial et gênant la femme dans ses travaux, bien des Chinois pauvres y renoncent. Dans une famille, sur cinq filles, on n'en martyrise guère qu'une. A Canton, où cet usage se maintient, un homme, sur cinq ou six femmes qu'il possède, n'en a qu'une à pieds déformés, la première femme. La moyenne des Chinoises subissant encore cette opération est environ de trois sur dix. La mode des pieds déformés persiste surtout chez les courtisanes.

2. Les femmes du Céleste Empire ne portent ni bonnet ni chapeau. Dans certaines parties de la Chine, à Soutchoou et Shanghaï, par exemple, elles ont un diadème en velours ou en soie noire. Mais les ornements de coiffure les plus usités parmi les élégantes sont de grandes épingles d'or, d'argent, de jade vert, et surtout des fleurs de saison, naturelles, montées sur fil d'archal, qu'elles se piquent dans les cheveux.

pas. Mon cœur reste fermé. Tu es un jeune homme : pourquoi ton cœur est-il méchant? pourquoi me fais-tu du mal, à moi une femme? Je suis comme un crabe sans pattes, qui veut marcher et ne le peut.

L'amoureux est de retour :

Hier au soir, sur ma table à toilette, la lampe a crépité. — Ce matin, le chat a fait sa toilette, *ya!*... Les feuilles de thé se sont tenues perpendiculaires dans la tasse. — Les pies n'ont fait que jacasser, *tcha! tcha!* — Tout à coup j'ai entendu frapper à la porte — *ai, ai, ya!* — Je suis sortie pour voir, pour voir : c'était mon détesté. — Cela n'a rien de surprenant, puisque les pies jacassaient tous les jours. — « As-tu été heureux dehors? lui ai-je dit. Pourquoi viens-tu seulement aujourd'hui? »

Mais la joie de se revoir n'empêche pas les soupçons doucement malicieux, les taquineries...

HEN TOUO TCHING

COLÈRE AMOUREUSE.

Beau jeune homme, te voilà revenu! — Faisons nos petits comptes : — Où étais-tu hier au soir? Guitare, violons et flûtes, — le chant, la musique, la musique, le chant, — sans doute rien ne vous manquait. — On a bu du vin; on a joué. — Quelle femme as-tu aimée, t'es-tu attachée hier au soir? car tu m'as trompée. — Je t'ai attendu jusqu'à la première veille de la nuit; — à la deuxième veille j'ai pleuré, — à la troisième j'espérais encore, — à la quatrième je me suis mise en colère; — à la cinquième veille les coqs chantaient, le jour naissait. — Ton âme même n'est pas venue me visiter dans ma chambre, — homme sans cœur! — Tu m'as fait du mal; pour toi, je me suis enrhumée et je tousse; — je suis obligée de garder le lit, — je n'ai plus de goût à ma toilette... — Reste à genoux au pied du lit : je ne te permettrai jamais plus de venir près de moi.

Beau garçon, te voilà de retour! pourquoi me regarder avec des yeux souriants? — Que signifie? — ces jours derniers, sans doute, tu as rencontré une précieuse amie plus belle que moi. Tu es jeune! — Comme te voilà changé! prends un miroir et regarde-toi! — Écoute mes conseils : ne t'adonne ni au jeu ni aux femmes, tu ruinerais ta santé. — Si tu veux m'écouter, je suis toute disposée à devenir ta petite femme. Nous nous aimerions jusqu'à nos vieux jours. — Écoute mes paroles : je désire vivement être ta petite femme. Nous arriverons unis jusqu'à la vieillesse.

Tu n'es pas venu depuis bien longtemps déjà : où habitais-tu? tu as l'air d'un homme heureux. Je suis contente, c'est vrai, mais je fronce légèrement les sourcils. Entre dans ma chambre. Quel vent t'a poussé ici par erreur?

Vieille mère[1], époussetez la table, apportez des chaises, que tout soit propre. Mettez un coussin sur sa chaise, apportez la théière, apportez un coussin, apportez un coussin. Mon vêtement en grossière étoffe bleue ne craint pas grand'chose; le sien craint davantage. J'ai peur de ne pas te traiter avec les égards nécessaires.

Lui (souriant). — Pourquoi tant de façons? Je ne t'avais pas oubliée, mes sentiments ne s'étaient point affaiblis.

1. *Lao ma ma*, vieille mère, nom qu'on donne aux vieilles servantes.

Mandarin et enchaîné par mes affaires, je n'ai pas pu venir te voir : je ne pouvais pas m'éloigner de la ville. Je suis sorti aujourd'hui et j'arrive directement chez toi. Me voilà très-heureux. Notre bonheur d'aujourd'hui était chose écrite dans notre existence antérieure. Comment ton cœur m'apprécie-t-il ? m'aimes-tu ?

Elle. — Comment mon cœur t'apprécie ?... Hélas ! je ne suis plus dans le tien. Les autres femmes n'avaient pas de temps à te donner : voilà pourquoi tu me reviens, un peu malgré toi. Je ne compte plus pour toi, je ne compte plus, je ne compte plus.

Servante ! époussetez la table, apportez les bâtonnets.

J'ai la théière entre les mains et je t'offre une tasse de thé Bois d'un seul trait et laisse-moi tranquille. Je ne suis certainement pas jalouse de tes autres amies ; mais tu es maigre et sec comme le bois à brûler, ta figure n'a plus couleur de sang. Un conseil : n'abuse pas des bonnes choses.

Shiang Touo Tching, chanson de la rêverie ; *Pran Touo Tching*, chanson de l'attente ; *Tching Touo Tching*, chanson de l'admiration ; *Hen Touo Tching*, chanson de la haine amoureuse, cela se chante ainsi tous les jours sur la guitare, dans les débits de thé, les bateaux fleurs, les fumeries, parmi les nuages d'opium, les vapeurs du vin chaud et les émanations des gras repas chinois.

Et, par une rencontre qui semblerait singulière si l'on ne savait que les passions humaines sont les mêmes partout, il n'est pas rare de constater entre ces couplets de carrefour et de mauvais lieu, littérature infime d'une race si peu semblable à la nôtre, et nos plus célèbres poëmes d'amour, de lointaines mais incontestables ressemblances.

Un seul moment, un seul instant je ne puis l'oublier. A chaque moment, à chaque instant je pense à mon amant, je pense à mon amant, *ya!* il m'est impossible de faire mes trois repas de thé et de riz.

Quand je sommeille, je le vois qui arrive et me parle; mais le vent qui secoue les plaques en verre du *tiemaol*, m'éveille en sursaut. Je te prie, ciel bleu, de me le faire amener par une fraîche brise.

De lettre d'amour, personne ne m'en apporte. J'écarte le rideau de gaze, et je vois les petites oies sauvages : Oies sauvages, *ya!* je vous fais trois saluts de mes deux mains unies[1], portez-moi cette lettre d'amour en dehors de Toung-couang.

Si vous le voyez, dites-lui de vite revenir. S'il tarde, je ne sais pas si je n'aurai pas quitté déjà cette triste existence, je ne sais pas si je n'aurai pas quitté déjà cette triste existence.

Ces deux chansons ne rappellent-elles pas dans leur exquise brièveté les fines et courtes épigrammes de l'Anthologie grecque?

Et celle-ci, qui se chante sur l'air *Man Tchiang houng*[2]:

1. Le salut des hommes consiste à rapprocher les deux poings et à les mouvoir de bas en haut et de haut en bas en inclinant la tête et le dos respectueusement. Les femmes se saluent en remuant légèrement leurs deux poings unis sur la poitrine.

2. En Chine comme en France, on indique l'air d'une chanson par le titre d'une autre chanson connue; on dit : sur l'air *Man tchiang houng*, sur l'air *Le vent qui souffle dans les saules*, sur l'air *Les mains unies*, etc., comme nous disons : sur l'air *Fleuve du Tage* ou sur l'air *Au clair de la lune*.

Que ne puis-je être ton miroir? — Sur ta table à toilette je réfléchirais sans cesse ta beauté. — Que ne suis-je ta ceinture rouge! je serais toujours autour de ta taille, — et le nœud ne pourrait se dénouer jamais. — Que ne suis-je un oreiller en bambou[1]! je serais dans tes bras et l'amour nous unirait. — Que ne suis je la flûte en bambou rose, toujours à tes lèvres, et qu'effleurerait amoureusement le bout de ta langue! — Que ne suis-je un chat blanc à queue noire, ou bien un chat tout noir! un chat! un chat! je serais toujours à miauler dans les plis de ta robe! — Je te miaulerais : Laisse-toi toucher! — ton cœur, dur comme le fer, je veux l'attendrir.

N'est-ce pas tout à fait le thème anacréontique, dans le sens qu'on prête à ce mot?

Citons encore :

Des crochets d'or soutiennent le magnifique rideau, — de mes mains de jade je repousse celui dont la tête repose à mes côtés sur l'oreiller.

«Éveillez-vous! — les coqs ont chanté trois fois déjà : le jour est arrivé. — Continuer à nous aimer, nous causerait des ennuis, je le crains. — Ne crois pas que la nuit soit trop courte, si notre amour doit durer longtemps. — Mon désir est de te voir venir tous les jours. N'oublie pas notre amour. — Aujourd'hui tu pars. — Quand reviendras-tu? Comment nous séparer? »

Sans manquer de respect à Shakspeare, il est permis d'avouer que les coqs de la chanson chinoise nous ont fait un instant songer à l'alouette de Roméo.

Il y a encore, dans ces chansons, des couplets

1. *Tchou fou jen*, littéralement femme en bambou, sorte d'oreiller en bambou tressé que les Chinois des pays chauds tiennent entre les bras pendant leur sommeil pour combattre la transpiration.

alternés, des dialogues amoureux, à la façon du *Donec gratus eram.*

ELLE. — J'ai une simple phrase à t'adresser : M'aimes-tu, moi, ou l'aimes-tu, elle? Si tu l'aimes, ne reviens jamais m'adresser la parole; si tu l'aimes, séparons-nous. Tu as l'air de m'aimer; mais, dans ton cœur, c'est elle que tu aimes, hélas! Un conseil *ya!* un seul cœur ne saurait s'attacher à deux endroits.

LUI. — Un seul mot en réponse, ma petite sœur. — Toi d'abord, elle après. — Moi et elle nous n'avons jamais échangé sincèrement la moitié d'une phrase d'amour. — Notre amour à nous deux était fatal. — J'ai l'air de l'aimer, elle; dans mon cœur, c'est toi seule que j'aime. Un conseil, *ya!* n'écoute pas les bavardages des voisins.

Hélas! la Lydie d'Horace était esclave, moins qu'esclave... courtisane! Elles sont courtisanes aussi, les petites Lydies chinoises : on les aime, mais on n'oserait afficher cet amour. Elles savent cela et s'y résignent. Quel sentiment naïf et presque attendrissant elles ont de leur indignité!

LA SÉPARATION.

L'orient blanchit, progressivement le jour se fait; je te presse, ami, de l'extrémité de mes doigts de jade. Regarde : le disque rouge du soleil éclaire notre couche; — lève-toi, pour que les voisins ne sachent rien. — Ton corps est recroquevillé comme une crevette renversée sur le dos, — tu es pareil à la fleur du saule abattue par la pluie. — O mon détesté, tu as épuisé toute ta vigueur : — je vais t'habiller moi-même. — Tu sommeilles et tu as l'air de vouloir te rendormir; — je te secoue doucement, — je t'appelle à voix basse et n'ose pas le faire à haute voix; — je prends ta chemisette, ta robe longue, tes pantalons, ta veste: — je t'habille complétement. — Je te boutonne[1]. — Je t'apporte tes souliers, tes chausses, ta collerette, ton chapeau. — Je te fais ta tresse. — Mon ami, comme ta lèvre est pâle! — Nous y mettrons un peu de rouge: — cela t'évitera des plaisanteries.

On les aime, on les supplie tant qu'elles sont jeunes et belles ; l'amant chante :

Je suis malade d'amour comme si j'étais ivre. — A cause de toi, petite sœur cadette, j'oublie le thé et le riz.—Triste toujours, — à qui confier mes peines? — Je n'étudie plus, — je ne m'amuse plus, — tristement je m'endors. — Dans mon sommeil tu es venue me voir : « Ma petite sœur, ai-je dit, sois compatissante, — accorde-moi tes faveurs, ne me repousse pas cette fois-ci. — Si j'ai le malheur d'en parler à qui que ce soit, — que mes lèvres tombent en putréfaction; — que le soir, dans l'obscurité, je rencontre des diables, et qu'en marchant je me casse une jambe : ce sera ma punition, petite sœur ! »

Mais l'amant meurt : c'est pour la courtisane le commencement de l'infortune.

KOU CHIAO LANG

ELLE PLEURE SON JEUNE AMANT

A la première veille, elle pleure son jeune amant : — Depuis que tu m'as quittée, je dors seule sous ma couverture

1. Les vêtements chinois tels que la *han chaol* chemisette, *ma coual* tunique courte, *haol* longue robe, se boutonnent sur le côté. Les pantalons sont retenus par une ceinture en étoffe.

et j'ai bien froid.—Je t'appelle, mon homme! je t'appelle, mon amant! —Mon amant, *ya!* où es-tu à présent? —Mon amant! à présent je ne sais pas où tu es.

A la deuxième veille, elle le pleure : — Je me rappelle l'an passé : — nous regardions ensemble la lune. — Cette annéc-ci, — j'ai pris froid et je tousse, parce que nous ne sommes plus réunis. — Mon amant! mon cœur saigne de ta mort.— Mon amant! mon cœur saigne de ta mort.

A la troisième veille, elle le pleure : — Pourquoi m'as-tu rendue si triste? —Sans cesse ton souvenir m'est présent, et je ne peux pas mourir.—Mon amant, *ya!* voilà le premier chagrin que j'éprouve dans ma vie. —Mon amant! voilà ma première douleur.

A la quatrième veille, elle le pleure : —Mon amant, *ya!* —je me rappelle l'an passé :—tu étais malade dans ma chambre.—Mon amant! pouvais-je supposer que tu allais mourir? — Mon amant! pouvais-je supposer que tu allais mourir?

A la cinquième veille, elle pleure son amant : — Je garde le lit pour toi.—A cause de toi je ne parle ni ne cause avec personne.—Mon amant, *ai!* comment pourrais-je me parer de nouveau? — Mon bien-aimé! comment pourrais-je me parer encore?—A cause de toi je ne pense ni au thé ni au riz. — Je sens que je vais voir le prince *Ien*.

Puis vient la vieillesse avec la misère, triste couronnement d'une trop folle destinée.

Puis la mort! c'est alors l'enfer chinois, enfer administratif calqué sur le modèle de la bureaucratie du Céleste Empire, avec les juges, les scribes, les greffiers, les interrogatoires et les supplices.

Devant *Ien Wang*, le Minos chinois, assisté de ses diablotins, elle a beau plaider les circonstances atténuantes, dire les tristesses de sa vie de plaisir, demander à renaître dans le sein d'une honnête femme; la loi est inflexible : elle montera dans *la tour des regrets*, d'où elle voit son cadavre sans sépulture déchiré par les chiens errants et les corbeaux.

VANG SHIANG TAÉ[1].

LA TOUR DES REGRETS.

Le vent de la demeure des morts est dur, la porte du temple s'ouvre, le prince *Ien Wang* siége à son tribunal. Des diables à tête de bœuf, à figure de cheval, des scribes, des diablotins se tiennent rangés à droite et à gauche. Le diable *Ou tchang*[2] est très-affairé : il a reçu le *houtoou phaei* et poursuit les âmes. Dans la prison une femme pleure piteusement. Il l'entraîne devant le tribunal.

Ien Wang. — De qui es-tu la fille? de quel village es-tu? pourquoi viens-tu prématurément devant ce tribunal? dans le séjour des vivants tu as donc commis de nombreuses fautes? Confesse-les vite, vite, d'un bout à l'autre. Si par hasard tu disais une demi-phrase mensongère, tu échapperais difficilement aux supplices du séjour des ombres.

L'accusée. — Monsieur *Ien*, écoutez-moi : Je ne suis pas une fille de bonne famille : on m'avait mise dans une maison de prostituées ; j'ai eu, quand je vivais, des rapports avec des jeunes gens aimant le plaisir ; mon corps étant tombé dans un pareil lieu, je ne pouvais me soustraire à ma destinée. Je me livrais à des chevaliers d'industrie ; mon enseigne, à moi, c'étaient la poudre de riz et le fard ; mon bras plié

1. *Wang shiang taé*, littéralement la tour d'où l'on voit son pays natal.

2. Le diable *Ou tchang* est en quelque sorte l'huissier et le gendarme du juge des enfers le prince *Ien Wang* ; ce diable, dans la mythologie chinoise, a la faculté de changer de forme et d'aspect ainsi que Protée. Le *houtoou phaei*, tablette à la tête de tigre, est une tablette en ivoire qui sert de mandat d'amener.

a servi d'oreiller à mille individus..... Ils aimaient en moi mon corps et ma chair blanche, comme on aime une pierre précieuse; je les aimais parce qu'ils avaient beaucoup d'argent dans leur ceinture. Je me suis amusée beaucoup pendant ma vie. Comment prévoir que ce bonheur serait anéanti?

Puis je suis devenue malade. Misérable vieux! misérable vieille! qui m'ont chassée Alors je me suis réfugiée dans un lieu d'aisances pour y passer mes jours. Les jeunes amants d'autrefois ne sont plus revenus; mes vêtements, mes ornements de tête, j'ai tout vendu; pas de combustible, pas de riz! ma vie était amère comme la gentiane. Je vous en prie, monsieur *Ien*, soyez indulgent, épargnez une jeune femme tendre comme la fleur et envoyez-moi dans le sein d'une honnête femme.

Ien Wang (frappant du poing sur son tribunal). — Pendant que tu as vécu, tu as commis quantité d'actes coupables, et tu voudrais transmigrer dans le sein d'une honnête femme! A cause de toi le fils s'est brouillé avec le père, les frères se sont battus entre eux et se sont séparés; à cause de toi combien de gens ont vendu leurs champs, leurs maisons, leur patrimoine? Tu as semé la mésintelligence entre le mari et la femme; à cause de toi des gens se sont rasé la tête et se sont faits bonzes[1]; amis d'un jour, vieux amis se sont détestés. Petits diables! emparez-vous de cette prostituée et l'entraînez à la tour des regrets.

La petite femme, pleurant à chaudes larmes, monte à la tour :

Ai ya! malheureuse moi! mon cadavre, où est-il? On m'a enveloppée dans une grossière natte en roseaux; deux

1. Les bonzes (*ho-chan*) sont peu estimés par leurs concitoyens, qui les appellent volontiers des ânes pelés (*thou lu*). Les mandarins sont très-sévères à leur égard; et, en l'année 1872, Shanghaï a pu voir condamner à trois mois de cangue pour avoir osé s'attaquer à la femme du prochain, un de ces bonzes qui s'était fait un grand renom de sainteté et en même temps amassé un assez joli pécule en restant enfermé huit jours durant dans une boîte sans manger.

cordes de chanvre serrent ma poitrine. Là-bas les corbeaux à cou blanc *ya!* arrivent en volant; à droite un chien jaune accourt. *Ai ya !* que je souffre ! Noirs corbeaux, vous ne devriez pas m'arracher les yeux; chien jaune, tu ne devrais pas m'arracher le cœur, le foie, les intestins.

Du temps que je vivais, j'étais l'amie de bon nombre de négociants : qui pouvait prévoir qu'à ma mort ils ne m'achèteraient pas même un cercueil [1] ? Ma vie a été un long rêve heureux, j'espère en vain revivre; c'est aussi difficile pour moi que de rencontrer sur une même fleur dix couleurs différentes.

CONSEILS.

Une fois sur la tour des regrets, on pense au passé, on pense à l'avenir, et on souffre.

Que votre cœur soit bon ! ne soyez pas médisant !

Si au printemps vous rencontrez le saule aux feuilles vertes, en automne vous verrez les jaunes chrysanthèmes [2] !

1. Les Chinois redoutent comme un grand malheur d'être privés de sépulture. Un mort, tant qu'il n'est pas correctement enseveli, éprouve des souffrances analogues à celles des ombres que Charon ne veut pas passer dans sa barque. Aussi la préoccupation du cercueil tient-elle une grande place dans l'existence des habitants du Céleste Empire ; on pourrait presque dire que la vie d'un Chinois se passe à amasser de quoi en acheter un pour le jour de sa mort. Un bon fils se ruinera pour l'offrir très-confortable à son père ; un grand mandarin en voyage aura soin de se faire suivre du sien.

Il n'est pas rare cependant, tant la misère est grande ! de rencontrer posés à même le sol en plein champ, ou cachés dans les roseaux qui bordent les aroyaux, des cercueils en minces planches de sapin sur lesquels les chiens viennent user leurs dents, et même des cadavres enveloppés d'une simple natte.

Des sociétés chinoises de bienfaisance les recueillent quand elles peuvent et s'occupent de les faire ensevelir dans des cimetières communs.

2. Le saule vert est l'emblème du printemps, de la joie et de la jeunesse; le chrysanthème, celui de l'automne, de la tristesse et de la mort.

Qui donc pourrait se charger à votre place du quadruple fardeau de la vieillesse, de la maladie, de la naissance, de la mort?

La richesse, le bonheur, ressemblent à la gelée de la neuvième lune, à la gelée des premiers froids, qui fond aux rayons du soleil.

L'homme cherche toutes les raisons pour se persuader qu'il est intelligent; le ciel tout tranquillement dispose. La vie n'est qu'un effort continuel : après la mort que reste-t-il ? deux mains vides.

Peines, joies, séparation, union, sentiments de chaque jour, même si vous vivez cent ans, ne sont rien.

C'est comme au théâtre! En un instant les cymbales, les tambours se taisent; en mourant on ignore ce qu'on devient.

Il est un autre genre de chansons qui partout tient grande place dans les recueils de poésies populaires et que les Chinois, peuple malicieusement observateur et gravement caricatural, n'auraient eu garde de négliger ; nous voulons parler de la chanson satirique.

Personne dans l'empire du Milieu n'échappe à la chanson satirique : bonzes, bonzesses, fumeurs d'opium, courtisanes, mandarins civils et militaires, résidents européens, vieilles mœurs, civilisation nouvelle importée par nous, tout y passe.

Le mandarin s'intitule père et mère du peuple, mais il n'est pas toujours pris très au sérieux par ses enfants. La chanson le représente volontiers besoigneux, avide d'argent et très sensible aux cadeaux, à la condition cependant que ces cadeaux soient offerts avec une discrète intelligence. N'allez pas surtout lui proposer brutalement un pot de vin; il se fâcherait :

Qui? moi, un Tcheshien, un mandarin de septième rang, être ton entremetteur!

Pourtant la réflexion vient:

Quelle récompense me donnerais-tu ?
Je vous donnerais une robe officielle brodée de dragons, une ceinture ornée de jade, un collier de cérémonie.

Et comme le pauvre fonctionnaire n'a le droit de porter que le bouton de septième rang :

Je vous donnerais aussi,

insiste en raillant le tentateur,

un bouton de premier rang, un magnifique bouton de corail rouge.

Comment résister à pareille offre ?

Et à ma femme, que lui donnerais-tu?

Dès lors la satire s'en donne à cœur joie ; et les femmes de mandarins n'étant pas toutes, paraît-il, des modèles de fidélité conjugale, c'est un défilé de cadeaux ironiques dont l'énumération eût réjoui Rabelais.

L'instinct de raillerie semble partout éprouver un double plaisir à surprender en flagrant délit de faiblesse ceux-là précisément de qui on serait en droit d'attendre le plus d'exemples de vertu.

Notre satire au moyen âge, joyeuse et sans fiel, mais non sans verve, s'attaquait volontiers aux mœurs des moines et des nonnes. Ils ont aussi leurs réjouissants fabliaux, leurs légendes gaillardes, ces bonzes qui font vœu de tempérance et de chasteté, et vivent retirés dans les pagodes des montagnes, silencieux, la tête rasée, occupés tout le long du jour à chanter des prières à Bouddha et à sonner leurs petites cloches par intervalles réglés[1]. Les couvents de bonzesses, perdus au milieu des rochers parmi des bouquets de bambous, ne sont pas davantage, malgré leur isolement et la protection de la déesse *Couan-ïn-Poussa*, à l'abri du souffle des passions humaines.

TCHIAO NIKOU

LA JOLIE BONZESSE.

A la première veille, une jeune bonzesse entre dans la pagode. Elle tient son chapelet à la main pour réciter ses prières. Elle pleure à chaudes larmes. Toute enfant, on lui a rasé la tête. Elle est à plaindre : elle est dans son printemps, et n'a pas un jeune homme à qui s'unir. Elle en veut à son père, elle déteste sa mère : « Ils ne devaient pas m'envoyer dans le monastère. Chaque jour, je dois lire la prière devant la déesse *Couan-ïn-Poussa*, et chaque nuit je pense à un jeune homme. »

A la deuxième veille, la petite bonzesse est bien à plaindre. Comment pourrait-elle aller retrouver ses sœurs, s'asseoir, vêtue de rouge, dans le salon de réception,

1. A *Tchié taésse*, grande bonzerie à l'ouest de Péking, j'ai vu un vieux bonze muré dans un petit réduit, qui nuit et jour, de quart d'heure en quart d'heure, frappait sur une cloche.

tenir sur ses genoux de petits enfants qui lui donneraient le nom de mere?

« Je réfléchis : — Être deux! me coiffer élégamment; mettre quelques fleurs naturelles dans mes cheveux, et des épingles de chaque côté de la tête! »

A la troisième veille, la petite bonzesse souffre beaucoup. Le disque de la lune est allé vers l'occident.

« Je veux m'asseoir sur le bord du lit, un chapelet à la main, réciter : *Omi touo fouo*, réciter : *Namo Couan che in*[1]. Je vous prie, déesse, soyez compatissante, protégez la petite bonzesse. Faites-moi vite quitter la pagode, descendre la montagne, et m'unir tout de suite avec mon bien-aimé; je ferai faire des réparations au temple, je ferai dorer ta statue. »

A la quatrième veille, la petite bonzesse sommeille : elle voit entrer le bien-aimé dans la cellule.

« Il me saisit par les mains. Sur le lit parfumé, nous sommes heureux. Quand, tout à coup, le bruit du *tiémaol* fait s'envoler mon rêve d'amour. Je m'éveille, et suis toujours seule. »

A la cinquième veille, elle s'endort jusqu'au jour. A plusieurs reprises, elle a entendu le chant du coq. Elle n'a pas le cœur à réciter des prières. Son cœur pense seulement au bien-aimé.

« Si je donnais le jour soit à une fille, soit à un garçon, j'aurais des descendants, moi, pauvre bonzesse! et, semblable au poisson qui remue la tête et la queue après avoir échappé à l'hameçon, je rentrerais dans la vie commune[2]. »

1. *Omi touo, Namo*, épithètes consacrées dont on fait précéder les noms de *Fouo* (Bouddha) et de la déesse *Couan in*.

La déesse *Couan in* est l'objet d'une grande vénération de la part des femmes : c'est la déesse miséricordieuse par excellence, qui, au tribunal du terrible juge des enfers *Ien*, demande les circonstances atténuantes pour les coupables. L'île *Poutou*, au sud de l'archipel de *Tchusan*, où elle se manifesta, est le but de nombreux pèlerinages.

2. Stanislas Julien a traduit un poëme analogue qui a pour titre : *Ni kou se fang*, la Religieuse qui pense au monde.

LE MARCHAND DE BERCEAUX EN PAILLE.

A la dixième lune le souci s'entr'ouvre : c'est un petit printemps. La bonzesse est profondément triste dans le monastère : elle vient d'accoucher d'un enfant. Après avoir fait ses dévotions à la déesse *Couan-în-Poussa*, elle se dirige du côté de la porte de la montagne. Là, debout, elle regarde aux quatre points cardinaux. Personne ne vient, si ce n'est dans le lointain un homme des champs, marchand de berceaux.

Son bonnet de fourrure tout déchiré s'épanouit comme un bouquet de fleurs ; bien qu'il fasse froid, il n'a pas de collerette ; sa veste rembourrée de coton et qu'il a fabriquée de ses mains s'agrafe tant bien que mal sur sa poitrine ; ses reins sont ceints d'une ceinture noire ; ses chausses de *Toung tchoou* rapiécées n'ont pas de semelle et tournent autour de ses mollets ; ses souliers sont tressés en fleur de roseau[1].

La bonzesse regarde.... Comment saurait-elle que le marchand de berceaux veut la voir?

Lui l'a aperçue : sa tête franchement rasée est luisante, la forme de sa calotte est à la mode du jour, sa robe est noire comme la mer profonde, la ceinture est marron. Elle dit : *Omi touo*, et tient son chapelet à la main ; ses chausses sont en soie blanche, ses souliers de bonzesse sont à la mode et brodés de fleurs.

Le marchand : — « Sainte fille, voulez-vous acheter un excellent berceau? »

La bonzesse en colère : — « Homme des champs, vous me parlez grossièrement ; si quelqu'un vous entendait, on dirait que la vie n'est pas régulière dans le monastère. »

Le marchand : — « Sainte fille, la vieille femme *Shu*, qui

1. Les paysans chinois se tressent des chaussures grossières avec la paille duvetée que fournissent certains roseaux lorsqu'ils sont en fleur.

habite la bonzerie, est une ancienne voisine à moi. Avant-hier elle m'a fait savoir qu'on désirait ici un petit berceau.»

La bonzesse ne répond rien et lui fait signe avec la main d'approcher.

Le paysan pas bête, qui ne voit personne autour de lui, cligne de l'œil et la suit. Ils passent sous la porte d'entrée de la bonzerie et arrivent dans le sanctuaire de la déesse.

La bonzesse : « Combien vendez-vous vos berceaux ? »

Le marchand : « Trois cents sapèques. »

La bonzesse : « Pourquoi demandez-vous un prix aussi exorbitant? est-ce pour tromper une fille en religion?

Le marchand : « Sainte fille! mes berceaux sont tressés avec soin, la paille en est fine. Il est aussi difficile de vous vendre ma marchandise que de voir en cent ans le premier jour du printemps coïncider avec le premier jour de la première lune. »

Le paysan a relevé la tête : *Ai ai ya!* Des langes en quantité sèchent au soleil : on dirait une fête avec ses soieries et ses lanternes suspendues. Il voit apparaître une jeune bonzesse qui, selon les apparences, doit bientôt avoir, elle aussi, besoin d'un berceau. S'adressant à elle : — « Jeune sage fille! en désirez-vous un ?... »

On lui compte ses trois cents sapèques, qu'il engouffre avec bruit dans sa ceinture. L'homme des champs quitte le monastère ; il est tout réjoui en retournant chez lui et prie le ciel de favoriser dans le couvent la naissance de beaucoup d'enfants : « Mon commerce de marchand de berceaux prospérera petit à petit[1] ! »

Plusieurs chansons racontent les aventures de deux héros d'amour : la belle bonzesse *Wang tche tchun* et son amant *Shen couei chung*, dont la légende ou

1. Il y a vingt ans environ, un *Foutaï* (gouverneur) du *Kiangsou* nommé *Ling*, se décida, pour châtier leurs débordements, à faire vendre, à raison de deux *tiaos* (trente sous environ) chaque, toutes les bonzesses des bonzeries de *Oushi*.

l'histoire est aussi populaire en Chine que, chez nous, celle d'Héloïse et d'Abailard.

Shen couei chung assiste à une représentation théâtrale que l'on donne à *Hou tchiou chan*, en dehors de la ville de Soutchoou : on joue le drame *Ta prouo tien men*. *Shen couei chung* aperçoit la jeune bonzesse. Ils se lancent des œillades amoureuses, et la bonzesse s'amuse à lui jeter sur la tête des graines de pastèques torréfiées. Elle part; il la suit jusque dans son couvent :

Écoutez-moi bien, lui dit-elle : je désire que nous devenions mari et femme; pour toujours, pour toujours. . . .

Mais *Shen couei chung* meurt.

Qui aurait pu prévoir une mort si prématurée? Ainsi que les deux Phénix, nous nous sommes trop aimés, et il est mort.

J'étais enceinte et j'ai accouché d'un bel enfant, ajoute naïvement la pauvre bonzesse; je voulais l'élever à mes côtés, mais dans une bonzerie la chose eût fini par s'ébruiter.

Alors, que fait-elle ? elle se mord le doigt, de son sang écrit une lettre, la dissimule dans la ceinture dont elle a enveloppé son enfant, et charge la vieille servante du couvent de porter l'enfant à la famille du père.

Mais la supérieure du couvent fait jeter le petit être sur le versant de la montagne.

— Hélas! j'avais donné le jour à un joli petit enfant, et on l'a abandonné dans un lieu désert et sauvage. Ma douleur est indicible. Les bonzesses qui aiment font le sacrifice de leur vie. Ayez pitié d'elles le jour où elles comparaîtront devant le prince *Ien*.

WANG TCHE TCHUN DESSINE LE PORTRAIT DE SON AMANT.

..... Je te vis ce jour-là et je ne pus maîtriser les élans de mon cœur, semblable à un cheval emporté et au singe qui est toujours en mouvement. Mon âme était troublée, et je t'ai conduit dans notre petit monastère. Tu me préférais, disais-tu, aux six autres bonzesses mes compagnes.

Qui eût pu prévoir que tu cracherais le sang? Hélas! il m'était difficile à moi pauvre bonzesse de consulter le sort à ton intention, de me présenter devant la déesse, de mander un docteur pour te soigner, encore plus d'aller chez toi : j'avais peur que ta femme ne fît du tapage.

Je me suis contentée de rester toujours à ton chevet sans m'éloigner d'un pas, de te prodiguer des soins et de faire des vœux pour ton prompt rétablissement. Le ciel vient en aide aux bons : j'espérais qu'une fois guéri tu reprendrais tes études, toi étudiant de bonne famille Hélas! tu es mort il y a un mois déjà! Je vais être mère. Je ne puis raconter tous mes chagrins. Que faire, si ce n'est pleurer dans la bonzerie? Mon cœur souffre tandis que ma main dessine ton portrait; mes larmes coulent. Si c'est un enfant mâle, tu auras un rejeton pour consoler ton âme dans le séjour des neuf sources.

WANG TCHE TCHUN PLEURE DEVANT UN PORTRAIT.

La bonzesse pleure à chaudes larmes, et se dirige vers sa cellule proprette. Elle ouvre un coffre et en retire un portrait. Elle accroche au mur le portrait du défunt, des deux côtés elle allume deux chandelles rouges, dans un vase en cuivre rouge elle brûle des parfums. Agenouillée sur un coussin en roseau, elle pleure : Mon ami s'appelait *Shen.*

Mon jeune amant, je me rappelle : c'était au théâtre, à *Chantang.* Nous étions très-heureux. Tu me jetais sur la tête la peau des graines de pastèques, sur la tête *ya!* sur la tête ! Le lendemain tu es venu dans notre monastère; la supérieure t'a conduit jusque dans ma cellule.

Pauvre bonzesse que je suis ! Je t'ai souvent donné de bons conseils. Tu aimais ma tête rasée. Hélas! quel heureux temps ! *Ai ya! ai ya!* tu aimais ma tête rasée. Plusieurs mois se sont écoulés depuis le jour où tu vins pour la première fois. Tu es mort le vingt-huitième jour de la sixième lune. Hélas! que je souffre ! *Ai ai ya! ai ai ya!* mes entrailles en sont coupées. Tu me disais que, si c'était une fille, elle serait pour moi. Un garçon n'eût pas laissé s'éteindre le nom des *Shen,* et tu devais l'emmener avec toi.

La deuxième lune, l'année suivante, j'ai mis au monde un enfant mâle. J'ai enveloppé dans une chemise la frêle créature. J'étais contente. J'ai attaché à son cou en signe de reconnaissance une libellule de jade, et j'ai chargé une vieille femme de te le porter à *Nan hao.*

Un mandarin venait de ce côté : la vieille femme effrayée s'est débarrassée de l'enfant et est rentrée au monastère. Mon ami, tu es dans le séjour des morts : protège ton enfant et fais qu'il arrive dans ta famille.

Mes larmes coulent, mes entrailles sont déchirées. Je voudrais te revoir, et cela n'est possible que dans un songe.

D'autres chansons, à la fois satiriques et morales, s'attaquent au grand vice chinois et décrivent avec une sombre énergie la dégradation du fumeur d'opium et les misères qui l'attendent.

TCHIÉ IANG IEN

CONTRE L'USAGE DE L'OPIUM.

La sœur cadette prie son frère aîné de renoncer à l'usage de l'opium. Si tu renonces à l'opium, ton corps sera vigoureux, mon garçon *ya!* mon garçon! Il faut écouter les paroles de ta sœur *ai ya!* il faut que tu écoutes mes paroles. Bien que je ne puisse me comparer à ta femme légitime, cependant tu m'as honorée de ton amour, mon amant *ya!* et je veux te donner des conseils. En ce monde, que de bons jeunes gens, à cause de cette mauvaise drogue, mon amant *ya!* ont vendu leurs fils, leurs filles, *ai ai ya!* se sont séparés de leurs fils, de leurs filles! Je te vois jeune étudiant; et pourtant, si tu restes un jour sans fumer, tu ne peux plus te remuer, *ai ai ya!* et deux flots de larmes coulent de tes yeux.

Tu ne penses qu'à fumer l'opium et tu oublies l'heureux moment. Tu m'oublies, et je n'en suis pas contente. Défais-toi petit à petit de ta triste habitude, *ai ya! ai ya!* Il ne faut pas toujours penser à l'opium.

Quand tu viens me voir, pourquoi cet air préoccupé? mon amant *ya!* Je veux, pour te distraire, jouer aux dames avec toi *ai ya! ai ya!*

Lis les affiches menaçantes du *tchefou*, du *tcheshien*[1]. Si par hasard le mandarin t'arrêtait *ai ya!* je souffrirais de ton absence. Puisque tu es triste, joue-moi un air sur la guitare : j'ai besoin moi-même de me distraire *ai ai ya! ai ai ya!* Chante-moi la chanson *Ma toou tiao*; je chanterai, moi : *I choun shiao*. Qu'en penses-tu? *ai ya!* cela te plaît-il?

Songes-y bien : ne fume plus l'opium. Regarde tous ces

1. *Tchefou, tcheshien* : autorités locales qu'on peut assimiler à nos préfets et sous-préfets.

fumeurs d'opium : ils ne ressemblent plus à des hommes. Ne fume pas, ne fume pas. Quand on fume, on devient jaune, noir, maigre; force et vigueur vous abandonnent. Mon amant *ya!* écoute mes conseils : les fumeurs d'opium sont misérables, leurs habits sont déchirés. *Ai ya! ai ya!* Écoute mes conseils et ne m'en veuille pas. Bien que tu ne doives pas toujours rester avec moi, écoute mes conseils.

Tu es jeune, tu ressembles au saule qui se couvre de feuilles vertes à la troisième lune. Ne fume plus, et partout tu réussiras.

IA-PI-IEN OU TCHING

LES CINQ VEILLES DE L'OPIUM.

A la première veille, la lune éclaire le devant du lit. Pourquoi, hélas! les hommes fument-ils l'opium? Malheur indicible! ceux qui s'y adonnent et qui passent leurs journées dans les fumeries, sont des coureurs de filles et hantent les mauvais lieux. Une jolie fille présente respectueusement une pipe[1] au fumeur. Parents et amis viennent me supplier de ne plus fumer l'opium; mon père, ma mère, ma femme, mes enfants me détestent : ô mon ciel, hélas! ma passion est telle, que je ne réponds pas de mon existence.

A la deuxième veille, la lune éclaire le côté Est de la maison. Les effets de ce poison, l'opium, sont terribles : Messieurs, n'en usez pas! on dépense son argent, on devient laid. Si vous contractez cette habitude, vous n'aurez plus un seul jour de tranquillité : d'un côté, la vigueur s'en va, et votre vie est alors en danger; d'un autre, ne plus fumer est chose impossible. Mon ciel *ya!* l'homme qui a contracté

1. Naguère encore il existait des fumeries d'opium servies par des femmes (*Houa ien couan*); elles ne sont plus autorisées aujourd'hui.

cette habitude est près d'arriver à la fatale barrière, la barrière des diables.

A la troisième veille, la lune éclaire l'espace. Le poison de l'opium est terrible. On prie un ami de vous apporter la lampe à opium sur la table, on tient la pipe à la main, on enduit d'opium le bout de l'épingle, on le fait griller, puis on aspire bouffée par bouffée. Ivre comme si on était dans les nuages! les esprits des huit grottes ne sont pas si heureux que moi. Mon ciel *ya!* ma vie n'est bonn à rien; je ne suis bon à rien.

A la quatrième veille, la lune est tombée à l'ouest. Les fumeurs d'opium sont bien à plaindre! Je te plains : tes deux yeux sont enfoncés dans leur orbite, tes quatre membres n'ont plus de force, ton échine est recourbée, tu ne saurais faire un pas, un flot de larmes coule ininterrompu de tes yeux. Il serait difficile de dessiner leur lamentable physionomie. Mon ciel *ya!* qui va venir te sauver?

A la cinquième veille, les coqs font leur vacarme. Plus de ressource dans l'avenir pour les fumeurs d'opium · l'argent de la famille est passé en fumée, sur la tête ils portent un vieux chapeau, leur veste est rapiécée en mille endroits; ils n'ont pas de ceinture pour retenir leur pantalon; au soleil ils font la chasse aux poux; leurs chausses sans semelle tournent autour des mollets; leurs souliers, autrefois brodes d'un papillon, aujourd'hui percés au bout et éculés, quittent le pied à chaque pas : c'est triste à voir. Mon ciel *ya!* je vous le conseille, renoncez à cette funeste passion. Ils soupirent jusqu'à la fin de la cinquième veille. Messieurs, ne fumez pas l'opium : ce sont de bons conseils que je vous donne. L'étudiant se fatigue à lire, le paysan à cultiver les champs, les femmes ne quittent jamais l'aiguille, les cent mandarins civils et militaires ont tous à remplir les devoirs de leur charge. Je conseille de ne pas fumer même l'opium qui vous est offert et qu'on n'a point à payer[1].

1. Ce tableau n'a rien d'exagéré. Le besoin de fumer l'opium devient une véritable maladie : *la maladie de l'opium*, comme l'appellent les

Voici maintenant des chansons consacrées au récit d'événements historiques contemporains : esprit de révolte soufflant sur le Céleste Empire, la société secrète du Nénuphar blanc se ramifiant du nord au sud, les rebelles *Tchang mao* [1] montant vers le nord, les musulmans levant la tête dans le *Chan Toung*, les provinces ravagées, les villes mises à sac, les populations pillées, massacrées, les femmes enlevées, aussi bien par les impériaux que par les rebelles ; l'inertie des mandarins civils, l'impéritie des mandarins militaires, qui se bornent, pour tout fait d'armes, à reproduire de très-loin, suivant les règles de la prudente et savante stratégie chinoise, les mouvements de l'armée ennemie; puis l'arrivée des deux nations européennes, française et anglaise.

On prend le prétexte de l'opium brûlé à Canton. L'empereur *Shien fong* était dans son palais; qui supposait que les mandarins agiraient si mal et que le peuple se mettrait en révolte du nord au sud, de l'est à l'ouest? Son Excellence [2] *Soulouo* trompe l'Empereur, le fait sortir de Péking et l'établit à Jéhol, en disant faussement que l'Anglais et le Français ont occupé la capitale.

Chinois. Une fois l'habitude prise, ne plus fumer devient un danger de mort.

A Shanghaï, dans les tribunaux mixtes qui siégent sur les concessions étrangères, on voit quantité de ces malheureux, en haillons, décharnés hâves, qui se sont faits voleurs uniquement pour satisfaire leur impérieuse passion et pouvoir s'en aller dans de nauséabondes fumeries, où ils passent leurs jours et leurs nuits, entassés côte à côte sur de durs et malpropres coussins.

1. *Tchang mao,* littéralement cheveux longs.

2. *Ta jen,* excellence, littéralement grand homme.

En dépit des faits, le chansonnier ne veut pas avouer que son Empereur ait fui devant des diables étrangers, ni que nous ayons pénétré dans la ville sainte.

Deux chansons nous montrent ce qu'était la superbe *Soutchoou*, la cité des bateaux-fleurs, la Capoue chinoise, de qui le proverbe disait : *En haut le Paradis, en bas Soutchoou*, avant la guerre civile, et ce que la guerre civile en a fait :

Sous le ciel est une terre riche : c'est le *Kiang nan*. Soutchoou est splendide! sous le ciel on trouve peu de villes pareilles. Les gens comme il faut y sont chose commune; ils arrivent au premier grade littéraire par des examens successifs, les dix mille marchands sont amoncelés comme des nuages à *Nan hao*. Les produits de la montagne et de la mer remplissent les rues; cent mille jonques attendent leur chargement de riz; à la douane de *Tien ling*, les mâts font l'effet d'une forêt; à la porte Ouest se trouvent les boutiques de perles, de pierres précieuses, d'orfévrerie d'or et d'argent; les monts-de-piété, tant dans la ville que dans les environs, se comptent par centaines; les bateleurs sont réunis dans la pagode *Iuan miao;* la vie est facile pour tout le monde; l'extérieur des boutiques est magnifique; les vitrines sont en verre et en bois sculpté; les commis de magasin ressemblent à des fils de mandarin: l'été, ils s'habillent de fourrures légères, de soie et de taffetas; ils passent leurs nuits dans des lieux de plaisir; dans les cercles de musique, on va jouer de la guitare et chanter; le mouvement commercial est énorme; les lanternes restent allumées dans les magasins jusqu'au milieu de la nuit; dans les boutiques à thé on boit le fameux thé *tchien pien* ; les boutiques à vin sont innombrables; on trouve des confiseries de toute sorte;... dans les quartiers *Ien fang pang* et *Tan iuan*, les femmes rivalisent de beauté et savent jouer de la flûte et de la guitare... On ne se fatigue d'aucune des quatre saisons... A *Yun in an* est la célèbre boutique où l'on vend le parfum *Tan kouei*; les étudiants apprennent les airs vulgaires...

Suit une série de réclames :

Telle pharmacie vend des remèdes souverains; le nommé *Wang* est renommé pour ses satins, *Mao* pour ses cotonnades. Dans la maison de bienfaisance *Tching Tchi Tang* sont recueillies les veuves. Le Bouddha de la littérature *Weng Tchan* est au milieu de la salle, dans les écoles gratuites, où les écoliers ont droit à trois repas par jour. Il y a d'excellents asiles pour les enfants. La société du *Toung jen tang* fait des milliers de bonnes œuvres : en été elle donne du thé froid aux travailleurs de la rue; en hiver, elle distribue du riz bouilli, des habits ouatés. Les mariages se célèbrent avec une pompe extraordinaire, même chez les pauvres gens.

Telle était la riche Soutchoou ; nous voici en 1860, époque de sa destruction.

A la première veille, la lune éclaire le balcon. Soutchoou a été pris par les rebelles le troisième jour de la quatrième lune; la population fuit devant le danger. Les hommes pleurent, les femmes versent des larmes; les hommes sont dispersés; on s'en sert pour porter des fardeaux; les femmes sont violées; *Wang ié*[1] ! tel est le cri général.

A la deuxième veille, la lune éclaire le salon de réception. Le cœur des hommes est pervers, le ciel et la terre sont contre eux; les rebelles à cheveux longs sont terribles comme des tigres; il est écrit que tout le monde doit périr; en un siècle on ne vit jamais pareille calamité; en cinq cents ans on n'a pas vu pareil remuement de sabres.

1. *Wang ié*, prince, chef des rebelles.

A la troisième veille, la lune éclaire le pavillon. Les gens de Soutchoou s'enfuient à Shanghaï; pressés les uns contre les autres, riches, pauvres, y louent des maisons. — Quelle calamité!....

A la quatrième veille, la lune éclaire la cour. C'est indicible! Autrefois on était heureux, tout était à bon marché, on avait des primeurs sans argent dans la ceinture.

La vie est chère à Shanghaï aujourd'hui ; il faut vivre, et par tous les moyens.

Écoutez ce que dit le cinquième couplet :

A la cinquième veille, la lune éclaire la fenêtre. Ici, on veut de jolies femmes, on les recherche; celui qui a des filles peut encore être heureux, soit qu'il les vende, soit qu'il les marie.

Une troisième chanson nous décrit la ville qui a pris l'héritage de Soutchoou : c'est Shanghaï, le nouveau port, comme le désignent les Chinois.

Dans la ville de Shanghaï, le mouvement est immense, les maisons de plaisir y sont innombrables; les filles y sont toutes jeunes et nouvellement arrivées; tous les airs, elles les connaissent : quel timbre de voix agréable! elles pincent de la guitare.

Un grand centre s'est formé, attirant les villageois et surtout les villageoises. Elles commencent par entrer en condition, être domestiques; mais bientôt l'exemple du luxe, les besoins de paresse, la coquetterie, finissent par les pervertir. Aussi, comme on les raille, ces servantes à la mode !

CHE MAO TA TCHIÉ.

LES SERVANTES A LA MODE DE SHANGHAI.

Les servantes d'aujourd'hui pensent à toute autre chose qu'à leurs occupations. Elles s'attifent merveilleusement. Maîtresse et servante, c'est la même chose; toutefois à leurs grands pieds on devine les servantes. Elles se coiffent à la mode du jour, attachant leur chignon avec du fil d'or; leurs épingles à cheveux en argent ou en or simulent la fleur du jasmin de chaque côté de la tête; la grande épingle transversale est en or pur. Elles portent des bracelets faits de cinq qualités d'or ou bien des bracelets à trois torsades d'argent. Leurs sourcils sont très-noirs et très-fournis, leurs yeux sont vifs, leur nez est désirable aussi. A voir leurs lèvres rouges, on croirait que des gouttes de sang vont y perler. Ces demoiselles portent des flacons d'essence dont le parfum fait s'épanouir le cœur des hommes. Elles ont une jolie peau fine, leur cou a la blancheur de la neige. A chacune des quatre saisons, elles sortent de nouveaux costumes, et les galons en sont toujours de couleurs variées; leurs pantalons sont bouffants à s'y perdre.

Leurs doigts sont effilés comme un clou d'argent; elles tiennent à la main un mouchoir de forme carrée, et portent des bagues en or le plus fin. Ainsi vêtues, elles se promènent dans la rue; leur démarche, vue de dos, est fort agréable à voir; sur leur passage, les boutiquiers émus se lèvent : — « Elle est séduisante! » C'est ce qui se passe, quand on ne les voit que par derrière.

Elles arrivent ainsi à la porte *Shin pei men* [1] et se dirigent

1. *Shin pei men*, littéralement la nouvelle porte du Nord que nous appelons porte Montauban. Cette porte, qui occupe l'emplacement d'une brèche ouverte dans les murs de Shanghaï par les troupes françaises lors de l'expédition de Chine, fait communiquer notre concession avec la cité chinoise.

à travers les rues européennes. Elles font la rencontre d'une des leurs et s'en vont de compagnie boire le thé dans la maison *Li choué taé*... Elles achètent pour cinquante sapèques de graines de pastèques torréfiées ou d'arachides, et causent, en les croquant, de leurs petites affaires.

— Ma sœur, *ya!* je suis censée gagner mon riz à accompagner deux fillettes; mais mon vrai talent, c'est l'amour.

— Sœur, *ya!* avec une figure comme la tienne, tu as devant toi dix années de chance.

Je n'ai pas à me plaindre : la maison est bonne, le régime excellent; je donne à haute voix des ordres à la vieille servante. Mais j'ai un chagrin : la maman tient son fils trop serré.

— Partons : je crains que mon mari ne rentre...

— Et au revoir, demain, dans la maison à thé *Yui-tching!*

Les voici lancées : quelle subite transformation !

L'une, mademoiselle *Soun*, est jeune; elle vint à Shanghaï pour entrer en condition; elle apprit progressivement les modes; elle s'habille de soie; elle est blanche à se passer de poudre de riz.

Une autre, mademoiselle *Léou*, a dix-huit ans; elle est arrivée à Shanghaï, et, en un an et demi, elle a dépouillé ses vêtements de campagnarde; à chaque saison ce sont de nouvelles toilettes; ses cheveux, tressés en spirale, sont retenus par un cordon rouge; ses ornements de tête en or et en argent sont remplacés, l'été, par le jade vert, le jade blanc, les perles et les pierres précieuses.

Une chanson tout entière est consacrée à cette merveilleuse ville de Shanghaï, où tant de choses étonnent le Chinois, sans pourtant désarmer son esprit satirique.

I TCHANG CHE TCHING.

LES DIX ASPECTS DE L'ENDROIT DES BARBARES.

En Chine, deux capitales et dix-huit provinces : après Soutchoou et Hantchoou vient Shanghaï; dix mille marchands pressés comme des nuages y commercent avec les hommes des pays étrangers; toutes les espèces de marchandises y sont en vente.

Les maisons à l'européenne ont chacune un aspect particulier : ce sont là les habitations des gros négociants étrangers. En hiver, ils se servent de cheminées; en été, aux quatre points cardinaux ils ouvrent les fenêtres pour se procurer de la fraîcheur.

Les femmes étrangères portent des ombrelles et marchent l'épaule à côté de celle de leurs maris[1].

Les petits diables[2] se promènent; ils parlent, ils causent, ils discutent; leurs vélocipèdes marchent vite, ils filent là-dessus comme sur un nuage. En voiture, les diables sont semblables à *Tchou ko leang*[3].

La grande cloche, tout le monde la voit et l'entend; un petit mur est autour. Des faiseurs d'embarras règlent à chaque instant leur vieille montre *hang tchi piao* à l'horloge municipale. Quatre fois l'an on perçoit l'impôt locatif *ang tchuen*; les courses sont la chose du monde la moins intéressante à voir : mieux vaut aller assister aux exercices pour les examens militaires. Les *hong*[4] européens sont

1. La Chinoise, femme d'intérieur, ne sort guère que pour quelques promenades aux pagodes, en charrette fermée dans le nord, en chaise dans le sud. Aussi la familiarité entre époux européens, familiarité qui va jusqu'à se montrer ensemble en public, étonne-t-elle beaucoup les Chinois.

2. Petits Européens, fils des diables étrangers.

3. Terrible stratégiste de la dynastie des Han.

4. Maisons de commerce.

innombrables : le plus renommé est *Lao Tchi Tchang*[1]. Les pontons de la maison Russell sont fort bien construits.

Dans le jardin de M. Dent est une volière où on nourrit cent espèces d'oiseaux; il y a là en quantité des fleurs et des arbres; des couples de sarcelles nagent dans un bassin couvert de lys d'eau.

Le chansonnier parle avec amertume des débuts de la cour mixte où siége l'étranger; mais, ajoute-t-il, maintenant tout va mieux :

On a créé un tribunal sur la concession étrangère; un mandarin du grade de *toung tche* y est attaché pour le règlement des affaires entre Chinois et Européens : le peuple s'en félicite.

Et toujours des renseignements dignes des Guides Joanne :

Les débits de thé les plus renommés sont *Toung Tien* et *Soung Fong Cao* : les plus jolies filles s'y rendent; on s'assied ensemble à la même table, sans distinction de sexe.

Un nouveau théâtre a été construit : c'est le théâtre *Mang Ting fang*.

Telle troupe d'acteurs de Péking est excellente, telle autre troupe chante sur tel mode. Voulez-vous acheter d'excellent thé, des sucreries? allez à l'enseigne *Li An Ta Tchang*. L'hôtellerie *Pou Vou Fan* apprête

1. *Lao tchi tchang*, raison sociale de l'ancienne maison Dent. Toutes ces enseignes ou raisons sociales n'indiquent pas le nom des négociants ; elles se composent généralement de caractères heureux, exprimant des idées de prospérité, d'abondance, de profits, de réussite, etc.

bien le gibier ; il est à regretter, ajoute le gastronome chanteur, que cette maison n'emploie pas la sauce douce pour les rôtis.

Quant au restaurant *Lou Cao Tchien*, un esprit a passé par là; les pieds de cochon y sont rôtis ou préparés à la sauce.

La maison *Chao Van Chung* est pour les produits du sud l'équivalent de la maison *Sou Tchoou Iang* à Soutchoou.

Désirez-vous un bon cercueil? ceux de la boutique *Tchoung Tchia Yu* sont faits de quatre planches pleines, et cimentés à l'intérieur de pâte de porcelaine.

A l'enseigne *Ao Nien Tchang* on trouve toutes sortes d'habits pour les morts, le matériel pour les mariages et les enterrements, des bonzes pour les cérémonies. Si vous n'avez personne pour vous pleurer, on vous y louera une vieille mère.

Puis viennent des renseignements plus intimes et plus délicats ; et, dernier détail satirique :

Si vous avez un besoin à satisfaire, donnez par prudence une piastre au policeman [1].

Les Chinois ne se gênent pas pour nous railler de nos innovations, ni même pour se livrer à des personnalités blessantes :

Le gaz brûle toute la nuit. Messieurs X... et Z... sont des résidents trop connus: ils n'agissent pas selon la justice; tout leur est bon pour faire de l'argent; ils rasent les tertres où reposent les morts, et, après en avoir aplani l'emplacement,

1. La police des trois concessions est faite par des agents européens.

ils le recouvrent de gravier : on dirait que l'incendie a passé par là. Les étrangers ont fait un nouveau pont, mais il faut payer deux sapèques pour le passer.

Et maintenant, d'après l'analyse de toutes ces chansons, pouvons-nous espérer définir le Chinois ? Ces chansons nous le montrent tel qu'il est réellement, c'est-à-dire de caractère complexe, tout de contrastes et presque indéfinissable. Sceptique en religion, vous le voyez toutefois garder la vénération absolue des anciennes doctrines et faire au besoin des émeutes pour brûler des églises catholiques ou protestantes. A côté du bonze grossier, sans idéal et tout dévoué à ses appétits, on en rencontre d'autres qui meurent dans une grotte perdue des montagnes, après avoir vécu en contemplation et en prières et ne s'être sustentés que d'un bol de millet par jour et de quelques légumes salés. Le Chinois ne s'occupe pas de politique, il laisse ce soin à l'Empereur et aux mandarins ; cependant, il ne se gêne pas pour juger et blâmer vertement leurs actes, faisant même retomber sur eux la responsabilité de certains malheurs dont ils sont innocents, tels qu'inondations, sécheresse, épidémies ou mauvaises récoltes. Il se laisse pressurer, il admet que les magistrats lui extorquent de l'argent, il va même sur ce point au-devant de leurs désirs ; mais, s'il y a excès, s'il se croit victime d'une injustice trop flagrante, il se révolte et ne connaît plus rien ; il fera au besoin le voyage de Péking à pied pour réclamer justice auprès de l'Empereur.

Corrompu et débauché, le Chinois l'est certainement ; cependant nous l'avons vu adorant son intérieur, bon fils, bon époux, plein d'affection pour ses enfants, et ayant toujours à la bouche les plus belles maximes sur les devoirs de famille. Avare et dur aux pauvres, vous le voyez pourtant contribuer de son argent à la fondation d'asiles et d'établissements de bienfaisance[1]. Le mandarin vend ses sentences, d'autres fois il rend des jugements dignes de Salomon. En affaire, le négociant volera sans vergogne, s'il le peut; mais, l'affaire conclue, vous pourrez compter sur ses engagements même verbaux. Il est doux à la fois et cruel au dernier point ; humble et flatteur quand il le faut, sans que cela détruise chez lui un grand sentiment de dignité personnelle ; timide devant les menaces, lâche sous les coups, le même homme se relève devant le bourreau et meurt avec une bravoure qui étonne.

Au contact de l'Europe et de l'Amérique, la Chine évidemment se transforme ; mais cette transformation est lente, et le Chinois, tout en acceptant nos inventions, tout en empruntant nos machines et nos armes, met son point d'honneur de peuple plus vieux que nous, à ne pas s'en montrer trop enthousiaste.

A l'encontre du Japonais, qui procède par réformes radicales, change en un an de costume, de religion, d'institutions politiques, qui brise ses cloches et fond ses bouddhas pour le prix du bronze, qui pré-

1. Il existe un certain nombre de sociétés chinoises de bienfaisance, qui font, lorsque l'hiver est rigoureux, des distributions de riz, de millet et de vêtements.

En été, les particuliers placent devant leur porte des jarres de thé froid, où les gens de la rue, coolies, brouettiers, porteurs de chaise, viennent se rafraîchir.

tend être plus Européen que l'Européen, le Chinois veut aller lentement, lui, avec dignité et prudence : il fait instruire ses soldats à l'européenne, mais il ne les déguise pas en fantassins français ; il a des navires de guerre construits sous notre direction dans les arsenaux de Foutcheou, Shanghaï et Nangking ; il essaye maintenant d'en construire lui-même, mais c'est toujours le dragon impérial que ces vapeurs portent à la proue.

En réalité, et quoique les Chinois veuillent se persuader le contraire, l'édifice sacro-saint de la vieille Chine se délabre et tombe en poussière, comme ses antiques pagodes.

A côté de sa ville murée, où l'on ne pénètre que par d'étroites portes, où l'air ne circule pas, où l'eau croupit dans les égouts obstrués, où les immondices empêchent la circulation des rues, le Chinois, si aveugle qu'il puisse être, est bien obligé de reconnaître son infériorité en voyant se dresser nos concessions aux larges quais bordés de navires, pleins de jour et de mouvement ; aux rues spacieuses, propres, drainées, éclairées au gaz ; aux constructions monumentales, comme le Club anglais, la Municipalité française, l'Oriental Bank et le Comptoir d'escompte.

Après nous avoir boudés d'abord, les Chinois sont venus s'installer sur ces concessions, à l'ombre des pavillons étrangers. Ils sont à Shanghaï deux cent mille environ soumis à nos règlements municipaux, payant à nos collecteurs les taxes pour l'éclairage, la propreté publique, etc. Le négociant, selon ses besoins, parle l'anglais ou le français ; les employés, les domestiques délaissent la petite pipe en cuivre pour le cigare de Manille ; les Chinoises de mœurs légères et même les mères de famille se montrent en voiture découverte sur nos promenades ; et, qui le croirait ? renonçant à l'antique jonque, les étudiants eux-mêmes, les élus de Confucius, les futurs gardiens des traditions et des doctrines, ne craignent pas d'aller en bateau à vapeur, passer leurs examens littéraires à Nanking ou à Péking.

Cette machine diabolique, le télégraphe ! le Chinois s'en sert aujourd'hui pour ses affaires et pour s'informer du cours de la soie à Lyon ou à Londres, et de l'opium sur le marché de Bombay ou de Calcutta.

Bientôt et fatalement, en dépit des ancêtres et du respect dû aux morts, la locomotive passera sur les innombrables tumuli dont toute la plaine de Chine est couverte. Le mandarin s'y oppose : il s'opposera de même à tout ce qui peut rapprocher le Chinois de nous.

En s'européanisant, le peuple lui échapperait, cesserait d'être à sa merci ; l'esprit nouveau exigerait des réformes, un contrôle plus sévère : aussi, comme il est heureux d'enrayer toute modification, ou du moins de ne faire qu'à demi les améliorations qu'il ne peut éviter ! Quelle joie chaque fois qu'un étranger au service du gouvernement chinois se rembarque pour l'Europe ! ce sont alors des politesses, des honneurs, des saluts et des sourires ! Ah ! si ceux qui gouvernent là-bas pouvaient à prix d'argent renvoyer dans leur patrie, avec promesse de ne plus revenir, tous les résidents étrangers, qu'ils dénoueraient volontiers les cordons de leur bourse ! ils leur accorderaient même à chacun, je crois, un bouton de premier rang.

Trop tard ! il serait plus facile aux mandarins, si puissants, si tenaces, si diplomates qu'ils soient, de barrer le grand fleuve *Yang Tse* que d'arrêter le courant de civilisation qui a fait irruption en Chine par les ports ouverts au commerce comme par autant d'immenses brèches.

Le Chinois est négociant avant tout : pour lui l'intérêt est le plus puissant des mobiles. Il nous vend ses thés et ses soies, et le paysan des contrées éloignées, même celui qui n'a jamais vu d'Européen, sait bien que nos exportations donnent à sa marchandise une plus-value. L'habitant des rives du Yang Tse, tremblant encore au souvenir de la rébellion, n'ignore pas que c'est grâce à nos armes qu'il peut essayer de remettre en culture autour de Nanking et de Soutchoou détruits ces immenses plaines jadis fertiles, et qui naguère ne nourrissaient plus dans leurs hautes herbes que le faisan, le sanglier et le chevreuil. Le Cantonais industrieux et d'humeur émigrante, qui remplit les ports ouverts au commerce de ses artistes sur bois et sur ivoire, qui s'est fait, à notre usage, fabricant de meubles, bottier, tailleur, horloger et même photographe, se rend mieux compte encore qu'il ne saurait se passer de nous.

L'habitant du Céleste Empire est du reste plein de respect pour le fait accompli : s'il n'aime pas innover, il n'aime pas davantage à revenir sur des innovations ; et depuis vingt ans, voilà bien des innovations, bien des faits, et des faits d'importance, qui se sont accomplis chez lui.

Le mouvement est donné, les mandarins peuvent en prendre leur parti ! La Chine dormait, nous sommes allés l'éveiller à coups de canon : c'est maintenant le bruit infernal de la vapeur, des roues et des hélices. La Chine se frotte encore les yeux ; avant qu'il soit longtemps, elle les aura ouverts tout à fait.

AU THÉATRE

UNE APRÈS-MIDI

DANS UN THÉATRE DE PÉKING

Une troupe fameuse d'acteurs devait ce jour-là donner une représentation d'un éclat inusité sur le premier théâtre de la ville chinoise.

— « Il faut voir cela, *lao yé :* ce sera extraordinairement beau », me dit mon vieux professeur de langue mandarine, le brave lettré *Li*, grand amateur des choses de l'art dramatique.

J'avais bien vu, en passant à Shanghaï, jouer dans un théâtre borgne « la Fleur *palan* enlevée ». Mais cette pièce était une pièce vulgaire, faite pour le peuple et écrite dans le bas dialecte de Soutchoou. Les rôles en étaient tenus par des femmes, chose contraire aux lois et tolérée seulement sur le terrain quasi européen de nos concessions. Cette fois, c'étaient de vraies pièces et de vrais acteurs qu'il s'agissait. L'aventure me tenta.

Trois quarts d'heure après, nous arrivions, monsieur *Li* et moi, dans une ruelle retentissante des cris stridents des acteurs, du son tremblotant des gongs, des plaintes déchirantes des violons, de la mélodie dolente des trompettes en verre et des flûtes en bambou, tout cela agrémenté du bruit sec des castagnettes et du tambourin marquant le rhythme.

Le lettré, réjoui de cette cacophonie, me souriait d'un air qui voulait dire : — « Je ne vous ai pas trompé : allons-nous assez nous amuser ! »

Nous voilà donc assis à une petite table, en face de la scène, dans une galerie en bois qui fait tout le tour d'une grande salle quadrangulaire. Les oreilles me sifflaient, les coups répétés du gong venaient à chaque instant faire tressauter mes entrailles. Mais un bon interprète, qui a appris l'art de saisir adroitement un œuf de vanneau entre deux bâtonnets d'ivoire, qui sait tolérer sans sourciller un gros mandarin se livrant bruyamment à ses côtés aux délices de la digestion, qui a dû habituer ses yeux aux haillons et aux plaies des mendiants, et son odorat à la puanteur des rues de la capitale [1], aurait été mal venu, surtout en présence de son professeur, à ne pas paraître écouter

1. Péking, qui se compose de deux villes juxtaposées, la ville tartare et la ville chinoise, n'est plus la belle et vivante capitale peuplée de deux ou trois millions d'habitants dont nous parlent les vieilles géographies.

En été, dans les rues, la poussière vous aveugle ; et, si l'on arrose, c'est avec l'eau corrompue des égouts perpétuellement obstrués. S'il pleut, la circulation devient presque impossible ; partout une boue puante et avec intérêt cette symphonie charivarique sans doute, mais chinoise.

Revenu de mon premier étourdissement, je bus une gorgée de thé sans sucre que des domestiques nous servirent, et m'amusai à picorer une grappe de raisin de Tientsin. Le vieux *Li*, entre temps, exerçait son noble râtelier à décortiquer des graines de pastèques torréfiées.

Au parterre, non plus qu'à la galerie, pas de femmes[1] : ce serait contraire aux bonnes mœurs! En revanche, de jeunes apprentis acteurs allaient, d'une table à l'autre, offrir une pipe à eau à d'honorables négociants, ou boire en leur compagnie une tasse de vin chaud de *Chao-Chin*.

En élégant costume de théâtre, avec leur large pantalon rouge, leurs grandes manches bleues flottantes et les deux longues plumes de paon qui se balançaient

noire où l'on enfonce jusqu'à mi-jambe et des flaques d'eau où il n'est pas rare que quelque mendiant aveugle se noie.

Péking, dont l'enceinte immense est déjà occupée aux trois quarts par le palais impérial, les temples, les ministeres, etc., etc., tend à se dépeupler chaque jour, malgré l'édit ordonnant de laisser sur place les matériaux des maisons ruinées.

Il n'y reste plus guère que deux cent cinquante ou trois cent mille habitants, la plupart Mantchoux à la solde du gouvernement.

Les mendiants se comptent par milliers ; ils meurent de froid en hiver, et reparaissent plus nombreux au printemps, comme les mouches. Sales, bruyants, nus et couverts de plaies, ils encombent les portes, assiégent les voitures ; parfois même, s'installant au nombre de deux ou trois cents dans une rue, ils restent là à crier, à gémir, à frapper sur leurs marmites, jusqu'à ce que la rue ait payé contribution.

1. A Péking, les femmes ne vont pas au théâtre; dans les provinces, la chose est commune. A Canton, à Shanghaï, on voit arriver les élégantes, vêtues, suivant la saison, d'étoffes légères ou de fourrures, coiffées de fleurs naturelles, et s'appuyant indolemment sur deux servantes qui portent leur pipe à eau ou leur éventail.

comme des antennes des deux côtés de leur coiffure d'or, ils ressemblaient assez à des scarabées aux couleurs vives. Par suite de leur habitude de la scène, ils conservaient, dans leur allure, dans leurs poses et dans leurs gestes, quelque chose de mesuré, d'affecté, mais de gracieux.

— « Ces jeunes garçons ont une éducation littéraire très-distinguée ! » me dit *Li* avec ce bon rire chinois qui n'est qu'une longue et bruyante aspiration.

La musique cesse. Nous achetons un programme écrit au pinceau. On allait représenter devant nous un drame chanté à personnages historiques : *Ta tchin tche*, le Rameau d'or battu ; ce qui veut dire : Fille d'empereur rouée de coups, à ce que m'explique le bon *Li*.

Les eunuques arrivent en poussant de petits cris féminins : *i! i! i!*

L'Empereur, orné d'une grande barbe blanche et couvert d'une robe brodée de pierreries, fait ensuite son entrée, et chante doucement sur le mode *shi pi :*

« Le corbeau d'or paraît à l'orient, le lapin de jade est descendu vers l'occident, la cloche du brillant soleil a sonné trois fois. »

Ce qui veut dire en langage vulgaire que le soleil s'est levé, que la lune s'est couchée et que l'Empereur est sorti de ses appartements [1]. Puis le brave Empereur

[1]. Autrefois on sonnait trois coups de cloche lorsque l'Empereur sortait de ses appartements privés.

raconte, toujours en chantant, les troubles qui ont agité son règne :

An lou chan, l'amant de ma concubine *Iang kouei* avait levé l'étendard de la révolte, à l'ouest du fleuve Jaune. *Iang kouei* fut prise à Macouei. J'ai pitié de son âme, car son corps est peut-être dans un fossé.

Qui donc m'a replacé sur mon trône après des efforts surhumains, si ce n'est *Couodze in?* Guerre sanguinaire !... Je suis heureux aujourd'hui : car la terre est tranquille, la mer calme, la rivière belle, et le *Fong houang* va descendre.

Quand un souverain est vertueux, ce roi des oiseaux descend du ciel sur terre. Sous le célèbre empereur *Kang shi*, le cas s'est présenté, m'affirme mon professeur *Li*.

Survient l'Impératrice :

J'ai quitté le soleil rayonnant, et je suis venue au palais d'or vers les dix mille années.

Traduction : Je viens de ma chambre à la salle du trône pour voir l'Empereur.

L'Empereur. — Qu'avez-vous à me demander?

L'Impératrice. — Votre rapide coursier (lisez gendre) a, pour ne sais quel motif, osé frapper brutalement notre fille.

La fille est introduite.

Elle chante : Je retiens mes larmes, j'étouffe mes sanglots : je vais tout expliquer à l'Empereur mon père.

L'EMPEREUR, *chantant.* — Je vois les larmes de ma fille, sa couronne ornée de pierreries brisée, et ses habits déchirés. Qu'avez-vous eu, ton mari et toi? dis-moi cela d'un bout à l'autre.

LA FILLE DE L'EMPEREUR. — Écoutez attentivement : votre gendre a agi en dehors de tous les rites. Il est rentré pris de vin au palais, et m'a querellée en me disant que c'est son père et lui qui ont chassé les rebelles et vous ont rendu votre trône. Je n'ai rien répondu : lui, furieux, a frappé le rameau d'or; il m'a appelée fille qui ne sait pas rougir, folle qui quitte des habits neufs pour en mettre de vieux. De plus, il voulait que moi, une feuille de jade du rameau d'or, je me soumisse à faire le *kotoou* [1] devant ma belle-mère.

L'Impératrice chante aussi et commence, comme preuve d'humilité, par se donner le titre de concubine.

Moi, la concubine, je vais expliquer tout. Je prie l'Empereur d'écouter mes respectueuses paroles. Notre gendre n'a aucune bonté dans le cœur, il ne comprend ni l'indulgence ni l'amour qui doivent régner entre mari et femme, et, parce que notre fille n'est pas allée saluer sa belle-mère à l'anniversaire de sa naissance, étant gris, il l'a frappée.

L'EMPEREUR, *chantant.* — Impératrice, ne vous occupez pas de cette affaire; et vous, ma fille, cessez de pleurer. Si mon gendre vous a battue, j'aviserai. Que la mère et la fille rentrent chez elles.

LA FILLE DE L'EMPEREUR, *chantant.* — Si vous ne le faites pas décapiter, je ne serai pas satisfaite. (*Elle part.*)

L'EMPEREUR. — Oh! quel caractère vindicatif!! (*Il chante.*) Eunuques, votre Empereur vous ordonne de faire entrer mon frère aîné impérial [2] *Couodze in.*

1. Prosternation qui se fait en frappant plusieurs fois la terre du front.

2. Terme d'affection et de politesse.

COUODZE *s'avance; il chante.*—J'amène mon fils garrotté. Ma colère est grande! (*A son fils.*) Petit esclave, ton action est d'un insensé. L'Empereur t'aimait, toi, comme il aimait sa fille; qui t'a fait ainsi te griser et la battre? Dans quelques instants ta tête tombera. Hélas! je suis très-vieux, et mes habits vont être teints de sang.

LE FILS, *chantant.* — Mon père, il ne faut pas pousser de longs soupirs, écoutez-moi avec attention : Elle est la fille de l'Empereur, c'est vrai ; mais, après tout, elle est ma femme. En pénétrant dans cette salle, je me prosternerai devant l'Empereur, après quoi je m'expliquerai... Je me présente avec mon père, et ne présume pas qu'on m'écorche vivant.

LE PÈRE, *chantant.* — Tes paroles sont sensées... Quand l'Empereur t'interrogera, réponds que l'ivresse t'empêchait de comprendre ce que tu faisais en t'en prenant à sa fille. Viens, viens, viens, viens avec ton père voir l'Empereur. (*Il entre le premier.*)

L'EMPEREUR, *au père.* — Mon royaume, c'est toi seul qui me l'as rendu. Je suis empereur, tu n'es que mandarin; je ne veux pas cependant que tu t'agenouilles devant moi. Eunuques, apportez un fauteuil doré. L'Empereur et le mandarin vont s'occuper des affaires de l'État.

LE FILS. — Mes liens me blessent.

L'EMPEREUR. — Quel est donc le fils de mandarin attaché en dehors de la porte? Frère aîné, réponds-moi.

LE PÈRE, *chantant.* — C'est *Couo ai*, mon fils, qui, étant ivre, a frappé sans motif votre fille. Je l'ai amené pour qu'il soit puni, pour qu'on lui coupe la tête.

L'EMPEREUR. — Doucement! (*Il chante.*) Frère aîné, vous allez trop loin. *Couo ai* est un tout jeune homme, ma fille est une jeune femme. Un vieux proverbe dit : Quelque intelligent que soit un mandarin, il lui est très-difficile de gouverner son ménage. A mon avis, *Couo ai* ne doit pas être puni. Défaites ses liens, eunuques, remplacez ses habits de deuil par des habits de cour.

LE PÈRE. — Je remercie l'Empereur.

Alors le fils est introduit, il explique l'affaire d'une tout autre façon que ne l'a fait sa femme.

— Ma femme n'a pas voulu aller se prosterner devant mon père le jour anniversaire de sa naissance, tandis que mes frères et leurs femmes y sont allés.

L'EMPEREUR. — C'est bien : mon gendre a le respect filial.

Et non-seulement l'Empereur ne punit pas son gendre ; mais, en reconnaissance des services rendus à l'État, il lui donne une robe rouge à dragons, une plaque commémorative célébrant son héroïsme, ses vertus filiales, et destinée à être suspendue dans son salon de réception, et de plus une épée avec laquelle il pourra décapiter un coupable, avant d'avoir soumis le cas à la haute justice de l'Empereur.

La fille de l'Empereur est mandée à son tour :

L'EMPEREUR. — En n'allant pas vous prosterner devant votre beau-père, vous avez manqué à vos devoirs envers l'Empereur, les parents, l'époux. Je vous donne un vin précieux que vous irez offrir en signe de repentir à votre beau-père, dans son palais. A l'avenir, ne venez ici que si je vous en envoie l'ordre.

Puis, à part, le bon Empereur ajoute :

Couo ai méritait un châtiment ; mais pouvais-je rendre ma fille veuve? Non-seulement je n'ai pas puni *Couo ai*, mais je lui ai fait des présents en échange de l'héroïsme que son père et lui ont mis à défendre ma grande dynastie.

Après, vient un drame guerrier. Des cortéges de

figurants, avec des bannières de couleurs diverses, selon leur parti, passent et repassent, s'entre-croisent sur la scène.

Des princes couverts de cuirasses dorées, portant de grandes bottes en velours, magnifiquement empêtrés de leurs vastes carquois et de leurs ceintures larges et raides, la figure peinte de rouge et de noir, et soufflant dans leur barbe en signe de violente colère, s'insultent en chantant et se livrent des combats singuliers à la massue et à la lance. On les voit bondir chacun à son tour, comme les acrobates et les tigres, par-dessus la tête de leur adversaire, puis s'interrompre au milieu d'une passe d'armes pour boire une tasse de thé qu'apporte un domestique revêtu du vulgaire vêtement moderne.

Mais un de ces guerriers donne une note suraiguë pareille à un coquerico. Alors le public chinois, si apathique d'ordinaire, mais à la fin émoustillé par ces sauts, ces tours de force, par l'éblouissement des lances, des masses d'armes et des banderoles, se décide à pousser quelques *hao! hao!* bien! bien! d'approbation.

« *Hao pou hao!* » Est-ce bien ou mal? me disait *Li* enthousiasmé.

Li m'explique que tous les rôles, y compris les rôles féminins, sont tenus par des hommes depuis que l'empereur *Tchien loung*, ayant pris une actrice pour concubine, défense fut faite aux femmes de se montrer sur les planches. Ces acteurs, malgré leur jeu bizarre et conventionnel, ne me paraissent pas manquer d'un certain mérite ; mais qu'ils ont une singulière manière de comprendre les accessoires et les décors!

Un guerrier veut-il monter à cheval? après avoir fait majestueusement quelques pas, il lève la jambe droite et la ramène en cercle, comme quelqu'un qui met le pied à l'étrier, et le public a compris.

Le guerrier cravache-t-il l'air? le public sait que le cheval a pris le galop.

Un vieillard sévère et cassé par l'âge s'avance, tenant à la main deux carrés d'étoffe sur lesquels sont dessinées des roues : cela veut dire que l'Empereur arrive sur son char.

Un mandarin intègre, mais méconnu par son souverain, s'enfuit désespéré dans un bois. Sa mère l'y suit, portant devant elle une toile qui représente une roche. Après avoir chanté sa plainte, elle met la roche dans un coin. De son côté, le fils a résolu de mettre le feu à la forêt : il veut mourir ainsi, et se venger à la chinoise, en se suicidant. On lui apporte une torche résineuse : il l'allume ; cela veut dire que la forêt brûle. Il brandit sa torche, se noircit le visage à la fumée. La mère pousse des cris. Lui ouvre une grande bouche, mord la flamme, et tombe censément consumé.

Moyennant six ou sept *tiaos* [1], tout spectateur peut modifier le programme et se faire jouer les pièces de son choix.

Je profite de l'usage pour demander au directeur du théâtre quelque chose de moins bruyant : une *shiao*

1. *Tiao*, liasse de cinquante grands sapèques, qui vaut soixante centimes environ.

shi, représentation réaliste de scènes de la vie populaire, sorte de vaudeville au gros sel, où, en gestes comme en paroles, la licence chinoise se donne libre carrière.

Et c'est ainsi qu'après les grands drames chantés, je pus m'offrir le même jour quelques petites comédies: *le Bracelet*, *la Marchande de Fard*, et *le Débit de thé de l'arc de fer*.

FOU PANG TSEUNG TCHOUO

FOU PANG LAISSE TOMBER SON BRACELET

LES PERSONNAGES SONT :

Madame Shen, veuve de M. Soun.
Mademoiselle Soun-yu-tchiao, sa fille.
Un jeune homme, M. Fou pang.
Une entremetteuse.

LA JEUNE FILLE.

Triste, les sourcils froncés, je brode pour tuer le temps ; de mes manches j'essuie mes larmes ; toujours pour moi de nouveaux chagrins font suite à d'anciens chagrins ; je soulève la jalousie et mélancoliquement je regarde les chrysanthèmes ; je n'ai pas le courage de me coiffer près de la fenêtre ; je me plains de mon triste sort, et je m'en veux à moi-même : la destinée des jolies femmes, c'est chose connue, est mauvaise ! Je m'appelle *Soun-yu-tchiao*, mon père est mort, ma mère est restée veuve, notre avoir est mince. J'ai aujourd'hui dix-huit ans et n'ai point encore de mari. Ma mère est toute confite en dévotions : matin et soir elle fait ses prosternations devant Bouddha[1], brûle des parfums et néglige les affaires de la maison, de sorte que je ne vois pas venir le jour de mon bonheur. Quand j'y pense, mes larmes coulent comme la pluie par une nuit d'automne, et chaque goutte de pluie est une tristesse pour moi.

LA MÈRE.

Celui qui veut fuir les tracas de ce monde[2] doit écarter de soi toutes les préoccupations vulgaires.

LA JEUNE FILLE.

Mère, pourquoi êtes-vous debout de si bonne heure? pour quel motif?

LA MÈRE.

J'ai appris l'arrivée d'un bonze pèlerin, nommé *San-iang*, qui fait des conférences dans la pagode *Poutousse*, et je me suis levée de bon matin pour aller écouter l'explication des livres sacrés.

LA JEUNE FILLE.

Ce bonze n'est au fond qu'une tête chauve : mère, tu ne retireras aucun avantage d'aller lui rendre tes devoirs.

1. Les femmes chinoises sont très-supertitieuses : elles font plusieurs fois par jour brûler en l'honneur de Bouddha, du prince de la cuisine et surtout des méchants esprits, de faux lingots en papier doré et argenté, sur la valeur desquels ces divinités doivent malaisément se méprendre.

Elles courent à tout propos à la pagode consulter les bonzes pour leur santé ou celle de leurs enfants. Le prêtre de Bouddha, au lieu de quinine et de rhubarbe, prescrit généralement comme remède un certain nombre de petits papiers couverts de caractères magiques, papiers qu'il faut brûler devant telle ou telle idole et dont on avale ensuite les cendres délayées dans une tasse de thé.

2. Littéralement : de la route à poussière rouge : *Houng tchen lou.*

LA MÈRE.

Comment! tu es de celles qui attaquent la réputation des bonzes et détruisent celle des *taosse*! tu n'échapperas pas aux supplices des enfers. Dès aujourd'hui il faut t'amender.

(*Elle chante.*)

Je vais sortir: ne reste point ici désœuvrée; prends ton aiguille et applique-toi à broder. Ce n'est pas trop pour ma purification que de m'être levée de bonne heure. Attends le retour de ta mère: à midi, je préparerai de quoi apaiser notre faim.

(*La mère sort.*)

LA JEUNE FILLE (*elle chante*).

Elle prépare le thé et le riz, se lève au point du jour, s'occupe de bonnes œuvres: y a-t-il beaucoup de marâtres de ce genre? En attendant, j'ignore quel sera mon avenir: c'est ce qui me désole; je pousse des soupirs, mes larmes tombent une à une!...

(*Parlé.*)

Un instant: pourquoi la porte de notre maison reste-t-elle close? Si j'allais l'entre-bâiller et me distraire un peu?

(*Elle chante.*)

Toute seule enfermée dans la chambre intérieure! toute seule! seule je m'assieds, seule je me couche! Pauvres jolies femmes dont la destinée est si mince? Beaucoup de tristesses, beaucoup de larmes!! Je sais bien qu'il ne convient pas à une jeune fille comme moi de se tenir à la porte. Mais pour un instant... Je crois qu'il ne se passera rien d'extraordinaire.

LE JEUNE HOMME (*il chante*).

Je me promène pour me distraire. Passons devant la porte de la famille *Soun:* j'aperçois une charmante créature aussi belle que *Tchangho*[1]; j'aperçois son joli visage si tendre, qu'un souffle, une chiquenaude le déchireraient. A sa vue j'ai perdu l'âme et l'esprit.

(*Parlé.*)

Attention! cette belle personne doit être la fille de la veuve *Shen*; ses charmes physiques sont les premiers de tout l'empire. Moi, je suis *Fou pang*. En faire ma femme serait le comble de mes vœux. J'ai envie de causer avec elle; malheureusement les rites défendent à une jeune fille de s'entretenir avec un jeune homme.

(*Il chante.*)

Bien que nous soyons voisins, je n'ai pas le droit de manquer aux convenances, je n'oserais jamais pécher en pareille matière. De plus, je n'ai rien de commun avec elle: je suis, moi, un fils de famille! j'ai l'orgueil de mon rang; je redouterais les risées et le mépris des gens de l'endroit, des voisins. J'hésite, et mon cœur est en feu. Laisserai-je passer l'occasion qui est si favorable aujourd'hui? Je vais feindre de perdre un objet: c'est un bon moyen d'arriver au mariage.

1. La divine beauté qui habite la Lune.

(*Parlé.*)

Une question, s'il vous plait, Mademoiselle : c'est bien ici la porte où demeure maman *Soun ?*

LA JEUNE FILLE.

Oui...

LE JEUNE HOMME.

Une question, s'il vous plaît : maman *Soun* est-elle chez elle ?

LA JEUNE FILLE.

Ma mère n'est pas à la maison.

LE JEUNE HOMME.

Ah ! vous êtes alors mademoiselle *Soun?* Je vous salue.

LA JEUNE FILLE.

Je vous salue. Une question, Monsieur : quel est votre haut nom ? quels sont vos riches prénoms ? pour quelle affaire me demandez-vous si ma mère est chez elle ?

LE JEUNE HOMME.

Mon nom est *Fou*, mon prénom est *Pang*, mon nom de fantaisie *Yun tchang* ; j'habite la ruelle en face. J'ai appris que dans votre résidence vous éleviez bien les coqs : je veux en acheter une paire.

LA JEUNE FILLE.

Nous avons en effet des coqs, mais en l'absence de ma mère il m'est difficile de les vendre.

LE JEUNE HOMME.

Mademoiselle, puisque votre noble mère n'est pas à la maison, je vais en acheter ailleurs.

LA JEUNE FILLE.

A votre aise, Monsieur !

LE JEUNE HOMME.

Je prends donc la liberté de me retirer.

(*A part.*)

J'enlève mon bracelet, je veux qu'il devienne le gage de nos fiançailles. Je vais le laisser tomber de ma manche en saluant. Si elle le ramasse, il y a huit ou neuf chances sur dix pour que le mariage se fasse. Je vais de ce pas prier ma mère de chercher une tierce personne pour arranger l'affaire.

LA JEUNE FILLE (*elle chante*).

En me quittant il avait l'air souriant ; il m'a saluée, et c'est avec intention qu'il a laissé tomber un bracelet de jade. Pourquoi ne deviendrions-nous pas mari et femme ? pourquoi n'imiterions-nous pas les couples de canards mandarins qui s'ébattent au milieu des nénuphars ? j'aurais ainsi jusqu'à ma mort quelqu'un sur qui m'appuyer.

UNE ENTREMETTEUSE, *qui l'a vue de loin ramasser le bracelet.*

Ces deux personnes se souriaient, leur passion est brûlante ; il ne manque qu'un tiers pour régler le mariage. Le désir du gain s'éveille dans mon vieux corps ; mon idée est d'avoir le prix de cette entremise : qui pourrait me le disputer ? Je suis la mère du boucher en viande de porc, le nommé *Léou piao ;* je me nomme *Hou che*, entremetteuse. Il y a un instant, j'ai aperçu monsieur *Fou*, en compagnie de mademoiselle *Shen ;* leurs regards se croisaient ; en la quittant il lui a laissé quelque chose. Le courtage de cette affaire ne m'échappera pas. Ce jeune roué connaît très-bien son affaire. (Elle rit.) *Ha ! ha !*

(*Elle chante.*)

Le moment est dangereux pour moi: car, si je ne modère pas ma joie, mes deux joues de vieille vont éclater. Ce jeune roué n'est pas maladroit pour en arriver à ses fins ; mais ils ne me tromperont pas : j'ai été jeune et j'en ai fait autant. (Elle rit aux éclats.) *Ha ! ha ! ha !*

LA JEUNE FILLE (*elle chante*).

Ce bracelet de jade, je le considère à la lueur de la lampe, je ne fais que soupirer, mes larmes tombent une à une comme des perles.

L'ENTREMETTEUSE.

Mademoiselle, je vous l'amènerai, et vous causerez à votre aise : cela vous convient-il?

LA JEUNE FILLE.

Madame, nous sommes bien pauvres : je n'ai pas de gage à lui envoyer.

L'ENTREMETTEUSE.

En échange du bracelet, des pantoufles brodées suffiront.

LA JEUNE FILLE.

Maman, des pantoufles brodées de mes mains, je puis donc les envoyer?

L'ENTREMETTEUSE.

Parfaitement, vous le pouvez.

LA JEUNE FILLE.

Et combien de paires?

L'ENTREMETTEUSE.

Une paire.

LA JEUNE FILLE.

Je vais alors en sortir une paire.

L'ENTREMETTEUSE.

Mademoiselle, dans trois jours je viendrai vous rapporter une réponse.

LA JEUNE FILLE.

Prenez la place d'honneur : je vais me prosterner devant vous.

L'ENTREMETTEUSE.

C'est inutile, c'est inutile.

LA JEUNE FILLE (*elle chante*).

Maman, cette aventure, vous seule la connaissez. Avant de boire le thé ou après avoir bu du vin, attention à ne rien en dire! ma destinée est si mauvaise!

Mon père est mort prématurément et ma mère aime trop les œuvres de religion. A dix-huit ans, je suis encore enfermée dans la chambre intérieure. Je vous prie de choisir un jour pour me l'amener : ce sera une bonne action. Je vous devrai la même reconnaissance qu'à la mère qui m'a donné le jour. Inutile de me demander si je désire ce mariage : même n'étant que sa deuxième femme, je vivrai heureuse avec lui et je mourrai les yeux fermés.

L'ENTREMETTEUSE (*elle chante*).

Moi, la vieille, je sais attiédir ce qui est froid : Mademoiselle *Soun*, soyez rassurée et continuez à broder dans votre chambre. Tenez fermée la porte qui donne sur la rue, dans l'attente du moment heureux. Il faut patienter trois jours...

Je me retire.

LA JEUNE FILLE.

J'ai l'honneur de vous accompagner.

L'ENTREMETTEUSE.

Ne m'accompagnez pas trop loin. Dans trois jours j'aurai une bonne réponse.

LA JEUNE FILLE.

Que de tracas je vous donne! Je vous en supplie mille fois, dix mille fois, soyez prudente et gardez le secret.

L'ENTREMETTEUSE.

Une fois, deux fois, cela suffit: vous n'avez pas besoin de me le répéter davantage.

LA JEUNE FILLE.

Je remonte la mèche de la lampe et j'attends le Phénix.

L'ENTREMETTEUSE.

C'est mon affaire : je me charge de faire entrer le papillon dans le jardin.

LA JEUNE FILLE.

Parfait! Un joli papillon entrera dans le jardin.

L'ENTREMETTEUSE.

Je me retire.

LA JEUNE FILLE.

Je ne vous ai pas traitée avec assez d'égards.

L'ENTREMETTEUSE.

Merci!

LA JEUNE FILLE.

Maman, revenez, je vous prie.

L'ENTREMETTEUSE.

Qu'y a-t-il, Mademoiselle?

(*La jeune fille lui parle à l'oreille.*)

L'ENTREMETTEUSE.

Je sais! je sais!

LA JEUNE FILLE.

Je ne vous ai pas traitée avec assez d'égards.

L'ENTREMETTEUSE.

C'est moi qui vous ai dérangée.

LA JEUNE FILLE.

Maman!

L'ENTREMETTEUSE.

Ai! (*Elle sourit.*)

LA JEUNE FILLE.

Je ne vous ai pas traitée avec assez d'égards.

PA TCHANG PALAN HOUAL

LA FLEUR PALAN[1] ENLEVÉE

DIALECTE DE SOUTCHOOU.

Houa couo shi.
Théâtre de femmes.

LES PERSONNAGES SONT :

Une jeune femme.
Un jeune homme.

UNE JEUNE FEMME (*elle chante*).

Le soleil qui se lève à l'orient éclaire le store de gaze ; devant son miroir, une belle personne pique dans ses cheveux une fleur ; tout à coup elle pense aux choses chères à son cœur : elle était encore chez sa mère, lorsqu'à l'insu de ses parents elle connut un jeune homme.

(*S'adressant au public.*)

Voulez-vous savoir l'origine de mes sentiments secrets? Aujourd'hui qu'il n'y a personne à la maison, ni mon beau-père ni ma belle-mère, ni les sœurs ni les frères de mon mari, qui, lui aussi, est sorti pour aller jouer aux cartes, il m'est possible de parler sans danger.

Un jour que mes parents, mon frère aîné et sa femme

1. Epidendrum.

se trouvaient absents de notre demeure, j'étais sortie par la petite porte chercher derrière la maison de la paille de riz [1] pour le feu, quand je vis passer à côté de moi un jeune homme, vêtu très-élégamment : il portait une petite calotte en drap, une robe de soie et par-dessus la robe un *macoual*. Venant à moi, il me salua profondément :

— « Sœur aînée ! ma sœur aînée ! »

Puis il étendit les mains et saisit mes petits pieds. Je devins toute rouge, je voulais rentrer. Il me dit alors :

— « Sœur cadette ! ma sœur cadette ! mon aspect vous ferait-il rougir ? Nous sommes quelque peu cousins. Quand je rencontre votre père, je l'appelle « mon oncle » ; je dis « ma tante » à votre mère. Quel danger y a-t-il à ce que je cause avec ma cousine ?

— « Cousin, répondis-je, puisque nous sommes cousins, entrez et venez vous asseoir : c'est chose toute naturelle. »

Je passai devant, le jeune homme me suivit, et nous arrivâmes à la salle de réception. Je lui offris un banc et je sortis pour chercher un briquet.... *Tchi, tche ! tchi, tche !* Je fais jaillir le feu et je lui bourre une pipe de tabac. Lui, qui avait de mauvais desseins, se confondait en remerciements. Tout à coup il avance les mains et caresse ma poitrine. . . . .

. . . .

. . . .

. . . . A son toucher, mes os et ma

1. Le combustible étant très-rare en Chine, on emploie pour le feu les tiges de coton et la paille de riz.

chair me semblèrent s'évanouir. Dévorée par un feu intérieur, je m'assis :

— « Petite sœur, me dit-il, vos parents sont-ils à la maison? votre frère et sa femme sont-ils ici ? dites-le-moi. »

— « Frère aîné, que je vois pour la première fois, mes parents sont à la pagode et brûlent des parfums en accomplissement d'un vœu ; mon frère et sa femme sont sortis : personne n'est ici, si ce n'est moi. »

— « Sœur cadette! profitons alors de leur absence. Vous êtes jeune, je suis jeune : allons tous deux sous le rideau. » . . . .

Je me mis en grande colère à ces paroles et lui adressai des reproches :

— « Heureusement pour vous, je suis bonne personne : si j'étais méchante, je crierais, j'appellerais les voisins de l'est et de l'ouest, j'appellerais de jeunes et vigoureux gaillards qui t'assèneraient de grands coups de poing sur l'échine, et après avoir reçu une correction tu retournerais chez toi. »

— « Sœur cadette ! l'homme passionné pour le jeu ne s'en veut pas de se trouver réduit à la dernière misère ; celui qui aime les femmes ne craint pas de mourir à cause d'elles. »

Alors, tombant à deux genoux, il se mit à me supplier... Mon cœur de fer, comment as-tu pu t'amollir ?... De mes deux mains j'aidai ce détesté à se relever, et j'ajoutai :

— « Frère aîné, il fait grand jour : c'est impossible maintenant ; si vous voulez arriver à vos heureuses fins, il faut attendre que le soleil se soit couché derrière les montagnes de l'ouest. Venez donc, aussitôt la nuit, à la petite porte de derrière, imitez trois fois le miaulement du chat, et j'ouvrirai pour vous recevoir. »

Après le dîner, je lavais la vaisselle, quand j'entendis en dehors de la porte de derrière un bruit : *Tchilika !* Je demande : — « Qui êtes-vous? » — « Le jeune homme qui s'est entendu avec vous dans la journée. » J'ouvre donc la porte pour le recevoir, puis je la referme. Il me dit alors : — « Je suis venu chez des inconnus par un chemin que je ne connais pas, je me confie à vous. » Moi : — « Si vous n'étiez pas venu, c'eût été tant pis; mais vous êtes ici : je réponds de vous à tout événement. »

Arrivés dans la chambre : — « Monsieur, asseyez-vous sur le bord du lit ; je vais prendre congé de mes parents et je reviens vous tenir compagnie sous la couverture en soie rouge. » Lui : — « Que vos bons sentiments ne se changent pas en de mauvais, n'allez pas appeler de vigoureux gaillards qui m'assommeraient de coups de poing, ne causez pas la perte d'un jeune homme ! » Moi : — « Soyez courageux : je n'ai aucune mauvaise intention, et je vais prendre congé de mes parents afin qu'ils ne se doutent de rien. »

J'allai donc auprès de mes parents et me mis à filer du coton au rouet ; mais je ne songeais qu'au moyen de posséder mon amant. Je fais donc semblant de tomber de sommeil ; mes parents, qui s'en aperçoivent, me disent : — « Petite servante, écoute : la voisine à l'est, la femme du frère cadet de ton père et celle de son aîné à l'ouest, sont à leur rouet. Pourquoi ne travailles-tu pas et restes-tu assise, la tête baissée, comme si tu dormais? » — « Papa! maman! j'ai ressenti un malaise après le dîner, j'ai encore un peu de fièvre à la tête et je tombe de sommeil. » — « Fille, si tu ne te sens pas bien, prends la lampe et va te coucher. »

Comment ne pas me réjouir de leurs paroles? — Je marche vite! disent les gens du district de *Tchang-chou :* en un instant, je fus dans ma chambre, je fermai bien la porte. Lui ne faisait pas de bruit, moi je ne parlais pas, pas plus de bruit que n'en fait l'amidon au fond d'une jarre pleine d'eau!..... . . . .

. . . .

Au petit jour, mon amant me quitta pour rentrer chez lui; je le reconduisis jusqu'à la porte de derrière et je me mis à pleurer.

— « Ma sœur! qu'avez-vous? » — « Mon amant! j'étais une jolie fleur fraîche; vous m'avez mise dans une situation difficile. Aurai-je maintenant le front d'épouser un autre homme? — « Ma sœur! ce n'est rien : écrivez-moi vos *padze ;* je chargerai un entremetteur de vous demander en mariage, vous jolie fille! » — « Frère aîné! faire infuser le thé est plus long que faire chauffer le vin. Je vais donc de vive voix vous dire mon âge : je suis née il y a dix-huit ans le troisième jour de la troisième lune; au moment où le soleil paraissait, ma mère me donnait le jour. Nous allons tous les deux nous mettre à genoux et nous jurer de dormir dans la même couche pendant la vie et d'être ensevelis l'un à côté de l'autre à notre mort; toi de ne pas épouser d'autre femme, moi de ne pas épouser un autre homme ; et celui qui manquera à sa parole tombera en pourriture de la tête aux pieds. »

Après le serment, nous nous relevâmes. — « Frère ! quand reviendrez-vous ? quand reviendrez-vous me voir ? » — « Petite sœur ! il est difficile de déterminer le jour où je pourrai reprendre ce chemin défendu que nous suivons ensemble : je viendrai deux fois par jour quand j'aurai le temps ; sinon, tous les trois ou cinq jours. »

A ce moment je ressemblais à une fille vertueuse qui sort de la chambre mortuaire de ses parents ; lui avait l'air du vertueux *Wang Tchiang*, qui pleura les siens toute sa vie.

Depuis le jour de notre séparation trois longues années se sont écoulées ; je ne sais pas où est allée son âme. Le frère de ma mère m'a mariée à un loup, à un tigre. Si mon amant revenait, pour lui je sacrifierais volontiers ma vie. Mes peines de cœur, quand je me les rappelle, me font tousser comme une malade. Mais pourquoi penser à cet ingrat ? En l'absence de mon beau-père et de ma belle-mère, je dois surveiller les deux portes de la maison, celle de devant et celle de derrière. Je me lève pour regarder, j'ouvre la fenêtre, je m'essuie les mains avec un linge, je m'assieds et brode des pantoufles. A peine assise près de la fenêtre, je vois s'approcher un beau jeune homme qui chante.

Un jeune homme arrive en chantant.

LE JEUNE HOMME (*il chante*).

Sous la présente dynastie, tout va de travers : le beau-père avec la fille de son propre fils, la fille avec le père, le gendre avec sa belle-mère, le fils adoptif avec sa mère adoptive, les frères avec les sœurs nées de la même mère ont des relations coupables. Les jeunes gardeurs de bœufs élèvent leurs prétentions jusqu'aux demoiselles de bonne famille. Ce que je dis là n'est pas une plaisanterie : tel est le temps présent ! Les jeunes gens se contentent de dévorer le riz de leurs parents sans faire quoi que ce soit. Allant en désœuvrés d'ici et de là, ils veulent séduire les jeunes filles. Non-seulement ils ne peuvent pas y réussir, mais ils reçoivent dans le dos des coups de poing. Ainsi châtiés, ils rentrent chez eux et ne se vantent de rien à leurs parents. Ce sont là des imbéciles, des maladroits ! Mais moi je suis un séducteur émérite. Il y a trois ans j'ai réussi avec une fille aimable, aimante, séduisante, agréable, blanche, blanche, proprette, proprette, jeune, jeune, fine, fine, intelligente, intelligente, polie, polie, et qui a de petits pieds.

(S'adressant au public.)

Voulez-vous savoir les débuts de ma bonne fortune? je peux sans danger vous les raconter en passant sur la route :

Il y a trois ans de cela, c'était le vingt-huitième jour de la troisième lune, j'étais allé brûler du parfum à la pagode *tchin tse* et je rentrais chez moi, quand, en passant par un village là-bas vers le sud, j'aperçus une demoiselle. Je fis du bruit : *shi li, sha la!* pour attirer son attention ; je la saluai profondément, en l'appelant mademoiselle. J'avançai la main et je saisis ses petits pieds. Elle, rougissante, voulut rentrer ; je la suivis, et nous arrivâmes au salon des hôtes. Je la suppliai et la suppliai. Son cœur de fer, de rocher, se laissa attendrir : elle me dit que le moment propice serait le soir. Je la quitte donc, j'attends la nuit avec impatience. Le soir venu, j'arrive à la porte de derrière. Elle ouvre ; nous entrons tous les deux dans sa chambre, et sous les rideaux de gaze nous restons jusqu'à l'aurore. Elle me dit son âge. De retour à la maison, j'annonçai à mes parents que je voulais l'épouser. Mes parents, aussi véritablement entêtés qu'il est vrai que le ciel couvre la terre, me forcèrent à prendre pour femme une autre demoiselle. La première nuit de mes noces je me suis assis de mauvaise humeur sur le bord du lit, puis je me suis échappé et j'ai couru par fleuves et par lacs jusqu'à ce jour. Me voici de retour depuis hier de *Hangtchoou*, où je vendais des ceintures en coton de toutes les couleurs. Je voulais voir d'abord mon père et ma mère, puis cette bonne demoiselle. Passant hier devant sa porte, j'ai appris qu'elle avait épousé le nommé *Shié*. Sa nouvelle demeure est neuve et comprend plusieurs lignes de constructions entourées d'une palissade en bambou. A l'est, des pêchers en fleur ; à l'ouest, des frênes ; devant la porte, des gerbiers de paille de riz. Je suis donc venu aujourd'hui sans perdre de temps ; je regarde et je vois la maison du nommé *Shié*. Le proverbe dit : Dans une bonne fortune il ne faut jamais passer par la grande porte. Je vais d'abord vers le côté est, puis au nord à la porte de derrière [1]. Je m'arrête :

1. Un Chinois est toujours orienté : par exemple, pour vous indiquer le chemin, au lieu de dire : Prenez la rue de droite, puis celle de gauche ; il dira : Prenez la rue de l'est, puis tournez à l'ouest.

j'aperçois une femme assise à l'intérieur ; elle me tourne le dos, une fleur *palan houal* est dans ses cheveux. Je réfléchis : quand elle était encore chez ses parents, elle avait aussi une fleur *palan houal* dans ses cheveux; aujourd'hui, chez son mari, elle en porte encore une. Je voudrais bien l'appeler ! si par hasard ce n'était pas elle !

Ah ! j'ai trouvé : je vais sans bruit lui arracher sa fleur. Si c'est la même femme, elle m'invitera à m'asseoir ; si ce n'est pas elle, je m'échapperai au plus vite. Je me frappe le front et la poitrine, je m'arme de courage, je passe ma main par la fenêtre et je saisis la fleur.

ELLE, *chantant.*

Près de la fenêtre assise, je travaille. Qu'est-ce donc qui tiraille ainsi ma coiffure? Extraordinaire! extraornaire! très-extraordinaire! je n'ai plus ma fleur dans les cheveux. Est-ce un homme qui fait ces diableries, ou bien un diable? Un homme m'eût appelée. Si c'était un diable!... mais notre maison est bâtie depuis trois ans déjà, et les diables ne s'y sont jamais montrés. Si les diables viennent la hanter pour la première fois, je dirai à mon mari de vendre cette maison désormais impossible à habiter. Ah! je réfléchis! le vent d'est est très-violent aujourd'hui : un coup de vent aura jeté ma fleur en dehors de la fenêtre. Je me dresse, je relève la jalousie : pas de fleur à terre!

Extraordinaire! je n'aperçois qu'un jeune homme debout. Il ressemble fort au jeune homme de chez ma mère ! Ah ! ne nous trompons point ! regardons mieux! Oui ! c'est bien lui ! Je voudrais l'appeler; je réfléchis:

ne bougeons pas! Les jeunes gens d'aujourd'hui sont fort vaniteux de leurs talents: ils viennent le matin, ils reviennent la nuit nous ennuyer de leurs discours interminables. Si j'étais surprise, quel esclandre! Faisons semblant de ne pas le reconnaître; je lui dirai quelques mots pour qu'il s'en aille. Ce n'est pas que je sois méchante; mais mon mari est un vrai loup, un vrai tigre. Je vais feindre la colère et l'insulter.

LE JEUNE HOMME.

Nous ne nous sommes pas vus depuis trois ans: elle m'invitera certainement à entrer et à m'asseoir, elle m'offrira une tasse de thé, et qui sait? une collation. Elle se lève: elle va peut-être m'appeler.

ELLE, *chantant.*

Ai ya! tortue[1]!

LE JEUNE HOMME.

Tortue? cela n'est pas; appelez-moi plutôt frère aîné.

ELLE, *chantant.*

Passant, occupez-vous des choses de la rue et ne venez pas m'ennuyer. Si tu voulais ma fleur, je te l'aurais donnée. Tu ne devais pas me décoiffer pour l'arracher, tu ne devais pas davantage abîmer la fleur: je ne saurais souffrir cela.

LE JEUNE HOMME.

Diablesse de femme! vous êtes une diablesse! que me racontez-vous, que signifie: je t'aurais donné ma fleur, si tu la voulais? que signifie: déranger mes che-

1. En Chine, on crie *Wang pa* (tortue) aux maris trompés, comme jadis en France on leur criait *coucou.*

veux, enlever ma fleur *palan houal?* Prends un peigne en bois de peuplier jaune et arrange tes cheveux. Une fleur abîmée se remplace moyennant quelques sapèques. Voilà ! je brise cette fleur et la jette à terre ; je la foule sous mes pieds. . . . .

. . . .

ELLE, *chantant.*

Tortue ! si autrefois je vous ai bien traité, appelez-moi madame. As-tu peur, en le faisant, que le feu du ciel ne te frappe? Ce qui s'est passé chez ma mère était alors de peu d'importance ; chez mon mari, ce serait tout autre chose. J'ai maintenant un beau-père, une belle-mère et un mari ; je me suis amendée. Voudrais-tu que je mette sur ma figure un écriteau disant que je suis ta maîtresse ?

LE JEUNE HOMME, *chantant.*

Peuh ! ton menton remue. L'homme que tu as épousé est un rustre ; ton mari est-il mandarin ? . . .

. . . .

ELLE, *chantant.*

Ai! tu viens te moquer de moi aujourd'hui ! Pourquoi me demander si mon mari est mandarin ? Mon mari n'est pas assez riche ; mais acheter un bouton de 7e ou 8e rang n'est pas plus difficile que de le porter au chapeau. Je me frapperais alors sur la poitrine en m'appelant madame ; alors toi, vagabond, tu ne ferais pas de bruit devant son tribunal.

LE JEUNE HOMME.

Je crains même qu'il ne puisse pas être mandarin

de 7e ou 8e rang ; un bouton de bois noir[1] lui suffit. Quant à toi, tu ne serais bonne qu'à servir la femme d'un mandarin et à la suivre en portant ses souliers en paille.

ELLE, *chantant.*

Tortue ! profite de ce moment pour t'en aller. Si tu me pousses à bout, je vais appeler les voisins de l'est et de l'ouest. Il y a de solides gars qui t'assommeront de leurs poings gros comme des *chung*[2] en osier. On t'attachera à cet arbre ; je t'accuserai de faire la contrebande du sel. Le magistrat est assis à son tribunal, la face tournée vers le sud ; les scribes, les agents se tiennent rangés à ses côtés : on te mettra à la cangue, on te bâtonnera, on te bâtonnera, on te mettra à la cangue. Je te le demande, tortue ! que ferais-tu pour t'échapper ?

LE JEUNE HOMME, *chantant.*

Moi, un homme plein de cœur, j'ai eu des rapports avec toi, femme sans cœur ! j'ai la bonne attention de revenir te voir : pourquoi me traiter de la sorte ? Je n'ai pas de haine contre toi ; je déteste seulement mes pieds, qui m'ont amené ici pour recevoir des injures.

(*A part.*)

J'étais arrivé plein d'espoir, je m'en retourne désespéré. Retenant mes larmes, je m'en vais. Hélas ! je veux partir, et mes pieds s'y refusent. A l'angle du mur est une grande pierre noirâtre : je m'assieds sur la pierre et j'essuie mes larmes. Si cette méchante femme change d'idée, elle sortira et m'appellera ; si

1. Un bouton de bois noir, c'est-à-dire une tête de tortue. On devine la plaisanterie chinoise.

2. Mesure de capacité.

elle n'a aucun remords, elle ne sortira pas : attendons ! (*Chantant.*) Je pense comme un imbécile à cette jolie femme.

ELLE, *chantant.*

Les mains sur la poitrine, je réfléchis : j'ai mille, dix mille torts ; il n'a pas eu tort de venir, lui ! le proverbe dit : Le coupable ne vient jamais se présenter de lui-même. Il dit aussi : Un honnête homme ne doit point frapper l'hôte qu'il reçoit. Autrefois, chez ma mère, nous nous sommes aimés beaucoup, et aujourd'hui je l'insulte, je le malmène ; il pleurait en s'en allant. Ce n'est pas que j'aie un méchant cœur; mais mon mari est un vrai loup, un vrai tigre ! Fort heureusement, aujourd'hui est un bon jour : tout le monde est absent de la maison, mon mari n'est pas rentré encore. S'il était ici, je n'oserais pas ; mais il n'est pas là : je peux inviter ce jeune homme à entrer et s'asseoir. C'est décidé. Je le vois qui pleure, je veux lui parler.

S'avançant vers le coin de la scène où est le jeune homme :

Je veux lui poser une simple question :

Cette nuit de félicité où, me laissant attendrir, je devins la victime de tes discours trompeurs, nous fîmes le serment, toi de ne pas épouser d'autre femme, moi de ne pas m'unir à un autre mari, et de reposer tous les deux, à notre mort, sous le même tertre. Pourquoi, depuis ton départ, ne m'as-tu pas donné de tes nouvelles? pourquoi as-tu épousé une autre jeune fille? Passe encore de l'avoir épousée ! mais pourquoi ne m'en as-tu pas informée? Je t'eusse envoyé à cette occasion quelques légers présents. Craignais-tu que je n'allasse boire le vin de la noce? Tu as été le premier à te marier : je n'ai fait que suivre ton exemple. Je t'ai insulté, malmené aujourd'hui, tortue! Il y a un instant, tu parlais fort bien ; es-tu maintenant atteint d'une paralysie de la bouche? Le proverbe dit : On ne répond ni aux coups ni aux injures de celui qui a le droit de son côté ; mais les larmes me viennent aux yeux, et je t'appelle : Mon amant! mon frère bien-aimé! l'homme de mon cœur! je t'appelle à plusieurs reprises, et tu ne réponds pas. Je voudrais te battre; mais mes poings oseraient-ils le faire? Allons! je suis une femme de vingt et un ans, et je te fais le sacrifice de ma vie.

LE JEUNE HOMME.

C'est moi qui ai tous les torts, je l'avoue ; mais, si chacun devait reconnaître les siens, nous ne le ferions peut-être ni l'un ni l'autre. (*Il pleure.*)

ELLE, *chantant*,

C'est le passant qui a tort. Nous n'avons tort ni l'un ni l'autre.

LE JEUNE HOMME, *chantant*.

Il y a un coupable : je vais vous dévoiler ses torts. Le jour où vous m'avez dit votre âge, je rentrai à la maison ; mon père et ma mère me dirent : — Notre grand garçon, où as-tu passé la nuit? avec quelle demoiselle ton amie? Je répondis : — Mon père! ma mère! je n'ai pas séduit de jeune fille : je suis allé voir les lanternes dans la ville, la nuit m'a surpris.

Oui, petite sœur, je leur dis que c'était cela qui m'avait empêché de rentrer; j'ajoutai que j'avais passé la nuit chez un ami.

Mes parents ne se méprirent point à mes paroles : — Notre fils ! il ne faut pas continuer ces relations avec une demoiselle : c'est dangereux. Sur la montagne il y a des tigres, mais il y a partout des hommes violents. Si la famille de la jeune fille ignore tout, d'autres yeux t'aperçoivent, d'énormes poings pourraient t'assommer, et, après en avoir goûté, tu n'oserais pas nous l'avouer. D'un autre côté, si tu as des relations avec une femme mariée, aujourd'hui ou demain tu la rendras mère : elle donnera le jour à un fils, à deux filles ; puis, quand tu rencontreras ces enfants à l'intersection de trois routes, ils t'appelleront oncle et non point père. Tu sèmes ainsi ton bon grain dans le terrain d'un autre. Prendre la place d'un autre, soit auprès d'une jeune fille qui se mariera, soit auprès d'une femme déjà mariée, ne sert de rien. Il faut absolument que tu choisisses une femme et que tu l'amènes à la maison. Elle te donnera des fils et des filles, une famille en un mot. — Papa ! maman ! répondis-je, je ne veux d'autre femme qu'une demoiselle dont j'ai fait choix dans le village au sud ; elle m'a dit son âge et je suis revenu ici. — Peu importe que la jeune fille te plaise ou non ! il faut savoir par un devin si son horoscope est favorable.

A ce moment survint un maudit devin aveugle ; on l'invita à s'asseoir ; je fis du thé sur le fourneau en terre et je lui dis tes *padze*. Ce devin calcula, supputa et répondit : — Monsieur ! Madame ! il ne faut pas de cette demoiselle : tout est mauvais dans sa destinée ; j'y trouve un balai de fer, signe d'inutilité, et un vase en cuivre, au dedans ainsi qu'au dehors duquel je lis : *Fleur de pêcher*, ce qui veut dire cœur de courtisane ; tout y est mauvais, tant pour les choses de ce monde que pour le monde des ombres. De plus, je vois huit accidents fâcheux dans sa vie : non-seulement je compte un, deux, trois, quatre malheurs ; mais la maison de celui qui l'épousera sera démolie, réduite en cendres, et, quand on voudra vendre ces cendres, un ouragan les dispersera. Le poisson mourra dans la rivière où elle naviguera. Partout où elle passera, l'herbe ne germera plus à dix lis à la ronde. Elle portera malheur à sa famille et à celle de son mari, à la famille de son grand-père maternel. Dès qu'elle rentrera chez son mari, son beau-père et sa belle-mère mourront. Alors le frère et la sœur de son mari auront des rapports incestueux. Trois jours après le mariage, son époux mourra. Elle portera sept fois des chaussures et des robes en étoffe de chanvre pour sept maris qui mourront. Elle en épousera dix-sept ou dix-huit, qui mourront tous. Sa destinée est dure ; les pierres lui diront : « Ma vieille dame ! »

Si mes parents n'eussent point entendu ces paroles du devin, tout se fût bien passé. Sa prédiction leur fit perdre l'esprit ; ils lui donnèrent des sapèques, et il s'en fut. Quant à moi, j'avais laissé le feu s'éteindre pour ne pas lui préparer de thé ; je le poursuivis jusqu'en dehors de la porte d'entrée ; s'aidant de son bâton, il marchait vite. Je voulais l'atteindre, le saisir. Mon père m'arrêta : — Que veux-tu faire, mon fils ? elle nous porterait malheur à ta mère et à moi ; à toi aussi, mon fils unique, mon seul rejeton ! Toi mort, qui nous achèterait nos deux cercueils, celui de ta mère et le mien? qui offrirait des sacrifices à nos âmes? Je répondis : — Si j'ai une seule nuit à dormir à côté de cette jeune fille, ce sera une seule nuit; si j'en ai deux, ce seront deux nuits; si je meurs à la troisième, il me suffira qu'elle se couvre la tête et le corps d'étoffes blanches, qu'elle porte des souliers en étoffe de chanvre, et que, tenant à la main ma tablette mortuaire, elle s'écrie trois fois en pleurant pour moi son mari : *Oh! Ciel! oh! Ciel! oh! Ciel! ya!* et je galoperai avec plaisir sur la route qui mène chez le prince *Ieng*.

O ma petite sœur! mes parents n'en voulurent pas démordre: j'épousai une autre demoiselle.

La première nuit de mes noces, je m'assis de mauvaise humeur sur le bord du lit, puis je m'échappai par fleuves et par lacs. Jusqu'à ce jour, j'ai vendu des ceintures de coton de différentes couleurs à *Hang tchoou*. J'ai fini par arriver ici, non sans peine, pour revoir mes parents et vous, ma bonne demoiselle! Pourquoi alors m'insulter, me malmener aujourd'hui? Il fallait ces explications; ces explications une fois données, nous n'avons tort ni l'un ni l'autre. Je retourne chez moi maintenant.

ELLE, *le retenant.*

Frère aîné, j'ai encore une question à vous poser: vous m'avez dit que j'avais huit malheurs dans ma destinée, et que mon mari mourrait. Voilà trois ans que je suis sa femme, et il n'est pas mort un rat dans notre maison. Si vous n'étiez pas venu, c'eût été tant pis; puisque vous voici, entrons: je vous invite à vous asseoir.

LE JEUNE HOMME, *chantant.*

M'asseoir, cela me va! J'ai peur seulement que vos intentions ne soient mauvaises, que vous n'appeliez le mandarin et ne m'accusiez d'être un voleur : j'aurais trente coups de bambou sur le dos et je ne pourrais pas rentrer dans ma famille.

ELLE, *chantant.*

Mon frère, ne vous inquiétez pas de ce que j'ai pu dire : vous êtes homme et portez le chapeau. Les saints eux-mêmes se trompent. Pour quelques paroles qui m'ont échappé, vous doutez de moi! Frère, ne soyez pas en colère....

LE JEUNE HOMME.

Je ne suis pas en colère, sœur, *ya!* Je suis votre frère: comment me mettrais-je en colère? J'ai quelques explications à vous demander : Votre beau-père, votre belle-mère, votre féroce mari, votre beau-père, votre belle-sœur, sont-ils à la maison? quels sont vos voisins? dites-moi tout d'un seul trait.

ELLE, *chantant.*

Mon amant! le Ciel ne veut point détruire notre union ; le Ciel a voulu que nous nous revoyions : c'est pourquoi jeunes et vieux sont absents d'ici, et nos quelques voisins ailleurs à vaquer à leurs affaires. Prenez donc courage, suivez-moi.

Venez! venez! venez! je vous conduis, votre petite sœur marche devant et vous conduit.

LE JEUNE HOMME.

Je te suis, ô mon amie d'il y a trois ans!

ELLE, *chantant.*

Frère! allez doucement. Si pour vous être assis chez moi vous preniez froid et vous vous enrhumiez, il ne faudrait pas m'en vouloir.

LE JEUNE HOMME, *chantant.*

Ma sœur, ces diseurs de bonne aventure ne racontent que des stupidités : il faut en prendre et en laisser. Entrons, ma sœur. Vous dites qu'il n'y a personne; je vois cependant au nord-est, dans le coin de la chambre, une vieille dame qui file au rouet : qui est-ce?

ELLE, *chantant.*

Frère, cette vieille dame a plus de quatre-vingts ans; elle est sourde et ne voit pas clair. C'est la belle-mère de ma belle-mère; je l'appelle *Anai* [1]. Entrons dans la chambre : je vous offre un banc et vous invite à vous asseoir.

LE JEUNE HOMME, *chantant.*

Entré dans la chambre, je m'assieds. Elle me rend mon salut en unissant ses deux mains sur la poitrine : — Ma sœur! pourquoi me rendre mon salut? En nous mariant, ma femme et moi, nous nous sommes fait chacun réciproquement vingt-quatre prosternations à genoux : c'est-à-dire que je lui en ai fait seulement vingt-trois; j'en ai conservé une, et je viens vous l'offrir respectueusement.

ELLE.

Frère, restez assis seul un moment : je vais voir au dehors ce qui se passe.

1. Grand'mère.

LE JEUNE HOMME.

Je la retiens.—N'allez rien apprêter pour moi. Trois ans de suite, courant par fleuves et par lacs, j'ai fait maigre ; c'est aujourd'hui jour de jeûne : je ne mange rien de cuit.

ELLE, *chantant.*

Frère! chez mon mari ce n'est plus comme autrefois chez ma mère, où j'avais tout à souhait. Il y a trois ans passés que je l'ai épousé, et c'est ma belle-mère qui mène encore toute la maison. Dans ce petit endroit, grand comme la corne d'un bœuf, on ne peut rien se procurer même avec de l'argent. Je n'ai que du thé à vous offrir.

(*Chantant.*)

Mon frère, vous êtes comme la fleur *Mei houa* à la première lune, comme la fleur de l'abricotier à la deuxième, comme la fleur du pêcher à la troisième : vous avez la beauté de ces trois espèces de fleurs. Vous avez le visage de *Pran an* et de *Soun yu;* mon mari ressemble à l'affreux *Tchi pa tchié*, à l'affreux *Tang shung* poursuivant les diables. Il est noir comme la fleur *Titang*, qui fleurit à la quatrième lune; il est horrible à voir. Les autres jeunes filles sont heureuses d'épouser des hommes jolis comme des fleurs.

Je m'en vais à la cuisine, je vous verse une tasse de thé bouillant: on doit toujours offrir sur un plateau une tasse au visiteur, mais à un ami je peux la servir de ma main. Je l'apporte dans la chambre : — Frère, je vous offre une tasse de thé; frère, je vous en prie, buvez.

LE JEUNE HOMME.

Merci, ma sœur! (*Chantant.*) En recevant cette tasse, j'ai un compliment à vous faire sur l'agilité de vos mains et de vos pieds ; j'arrive à peine et déjà le thé m'est offert : vos pieds, vos mains, ma sœur, sont agiles.

ELLE, *chantant.*

Monsieur! en me mariant, ma mère m'a fait ces recommandations : — Fille ! petite servante ! chez ta mère tu es agile des pieds et des mains ; chez ton mari il faudra être encore plus active : faire le thé d'abord, cuire le riz ensuite et tenir toujours l'eau chaude dans le fourneau, pour économiser le temps et le combustible. Quand un visiteur arrivera, apporte le thé, et l'on t'adressera des compliments sur ta diligence. Vos éloges font donc honneur à ma mère : si je n'avais pas reçu ses instructions, avec les dix mille mains de la déesse *Couan in*, je n'aurais pas pu aller aussi vite.

(*Chantant.*)

Buvez ! je prends votre tasse, je la dépose sur la table, Monsieur *ya !* Vous avez couru trois ans par fleuves et par lacs : vous avez dû faire de bonnes affaires.

LE JEUNE HOMME, *chantant.*

Beaucoup de renommée, peu de profit ; j'ai vécu.

ELLE, *chantant.*

Monsieur ! votre femme est-elle jolie? ses petits pieds sont-ils mignons ? comment se comporte-t-elle avec vos parents ? s'entend-elle avec votre sœur cadette, avec vos frères, avec les voisines ? est-elle respectueuse pour vous? sait-elle filer et tisser? sait-elle fabriquer vos chaussures [1], ou bien êtes-vous obligé d'en acheter? dites-moi tout cela.

LE JEUNE HOMME, *chantant.*

Vous me demandez comment est sa figure? Ma sœur, prenez un miroir et regardez-vous. Elle me traitait bien. Elle est habile aux travaux d'aiguille. Quand mes chaussures sont usées, je n'ai pas besoin d'en acheter. Elle peut tisser en un jour trois pièces d'étoffe grande largeur; la nuit, elle file le coton.

ELLE, *chantant.*

Monsieur, *ya!* depuis trois ans, avez-vous eu des enfants qui vous appellent père?

LE JEUNE HOMME, *chantant.*

Sœur! pourquoi cette question? La première nuit de mes noces, je n'ai fait, et encore à contre-cœur, que m'asseoir sur le bord du lit, puis je me suis enfui par fleuves et par lacs jusqu'à ce jour. J'ignore si elle est bien ou mal faite : comment aurais-je pu avoir des enfants d'elle? A votre question je réponds par une autre : Comment vous traitent votre beau-père et sa femme? Votre mari est-il bon ou méchant avec vous?

ELLE, *chantant.*

Depuis trois ans je suis comme dans une prison. Je vais tout vous raconter. Un mois après mon mariage, il m'est arrivé une bonne histoire. Je rêve la nuit à mes pensées du jour : donc une nuit je vous vois en rêve entrer dans la maison, je saisis le pied de mon

1. Les chaussures chinoises faites d'étoffes sont souvent fabriquées par les femmes dans les ménages.

mari en disant : — Frère aîné! frère aîné! si vous m'aimez, venez donc! Mon mari était malheureusement éveillé : — Coquine, que dis-tu là? Je devins semblable à la feuille de fer-blanc qui se replie sous le coup d'un instrument tranchant. — Je ne disais rien, répondis-je : mes vêtements étant tombés en bas du lit, je vous priais de les ramasser. Aussitôt il se lève, prend le briquet, allume la lampe, et, me saisissant par les cheveux : — Prostituée! que disais-tu? Quand tu demeurais chez ta mère, avec combien de jeunes gens as-tu eu des rapports? Il me frappe sur toutes les parties du corps, la langue exceptée. Depuis lors nous avons fait lit à part. Je dors seule : comment aurais-je pu avoir des enfants qui m'appellent mère? C'est à cause de vous que j'ai eu à souffrir tous ces tourments ; mais n'en parlons plus.

LE JEUNE HOMME, *chantant.*

Vos parents me mettent la rage au cœur : je prends congé de vous et rentre chez moi. Demain, à l'aube, j'irai acheter un poignard acéré, tranchant des deux côtés. Si je ne rencontre pas ton mari, ce sera tant pis; si je le rencontre, je l'en frapperai au cou, et quand je l'aurai tué, je serai satisfait.

ELLE, *chantant.*

Sachez que la loi est terrible : vie pour vie! ou du moins si ce n'est pas la mort, c'est l'exil qui vous attendrait. L'exil! passe encore! car, la clémence impériale vous accordant votre grâce, vous pourriez rentrer peut-être un jour dans vos foyers. Mais si ce n'est pas l'exil, c'est la décapitation, et, une fois la réponse arrivée de Péking [1], on vous décapiterait. Si votre femme est bonne, elle porterait deux ans ou trois ans votre deuil; si elle ne l'est pas, elle se remarierait tout de suite; si elle se contentait de se remarier, ce serait peu encore, mais il serait à craindre qu'elle ne se distribuât en détail; il y aurait des cancans, on dirait : C'est la femme d'un tel, la fille d'un tel; feu son mari avait séduit une jeune fille, sa femme l'a payé de sa monnaie à courte échéance, et c'est à votre mort que vous porteriez le bouton noir. Je vous en prie, n'en faites rien, frère!...

LE JEUNE HOMME, *chantant.*

Sœur! comment assouvir ma rage? Dites-moi, depuis trois ans que vous êtes mariée, avez-vous pu au moins visiter vos parents? Sœur! le proverbe dit : La mère souffre pendant les dix mois de gestation; après la naissance elle lave, en hiver, le linge à l'eau froide.

ELLE, *chantant.*

Monsieur, vos paroles me font pleurer. Un jour mon frère cadet vint nous voir; il demanda à mon beau-père et à sa femme de m'emmener avec lui : mes parents étaient malades, et j'aurais soigné les deux vieillards. Mon beau-père et ma belle-mère, tout joyeux, répondirent par le proverbe : Quelquefois le bonze rentre dans sa famille! ajoutant: Une fille a toujours une mère: allez donc voir vos parents. Après avoir changé de vêtements et de chaussures, je les quittai. A peine

1. Toute sentence de mort n'est exécutoire qu'après avoir été préalablement soumise au visa de l'Empereur.

arrivée à l'angle du mur *ai ya*[1] *!* je rencontre mon mari... Qu'allait-il m'arriver? Il y a trois ans de cela...

LE JEUNE HOMME.

Ai ya! vos réticences m'effrayent.

ELLE, *chantant.*

— Prostituée! me dit-il, que fais-tu là? Mon frère cadet, qui a des tours dans son sac, lui dit : — Beau-frère! beau-frère! nos parents sont malades : je suis venu chercher ma sœur pour qu'elle leur donne ses soins. Mon mari répond : — Petite tortue noire! que me contes-tu là? elle va voir ses parents, dis-tu? je dis que c'est plutôt son amant. — Beau-frère, ajoute alors mon cadet, vous avez aussi des sœurs, vous : si un mois après leur mariage elles reviennent dans leur famille, ce sera donc pour voir leurs amants? Mon mari n'eut rien à répondre; il m'empoigna et fit peur à mon jeune frère, qui s'en fut... Mais il s'est fait tard pendant que nous parlions : rentrez chez vous, je vous en prie.

LE JEUNE HOMME, *chantant.*

Sœur! si je n'étais pas venu ici, peu m'importerait; mais je suis venu, et je veux y passer deux nuits.

ELLE, *chantant.*

Monsieur, vous pourriez rester un an et demi que j'en serais contente; mais si mon beau-père, sa femme et mon mari vous trouvaient, que feriez-vous, je vous le demande? Vous ne sauriez que leur dire, et je craindrais pour vous de mauvais traitements.

LE JEUNE HOMME, *chantant.*

Sœur! ce n'est pas que je veuille faire le vantard

1. Hélas!

mais je connais les dix-huit systèmes de défense [1], je puis battre dix-sept et dix-huit jeunes gens. Si votre mari ne dit rien en me voyant, je ne lui ferai rien ; s'il dit la moindre des choses, je l'assomme, je l'assouplis comme on assouplit la paille de riz pour en tresser des souliers !

ELLE.

Ne vous vantez pas tant. Jadis le prince *Pawang* pouvait soulever les montagnes et les grands brûle-parfums en bronze qui sont devant les pagodes ; il se suicida cependant d'un coup de sabre à *Ou tchiang*, et tomba ainsi qu'une gerbe de paille. Vous en battez un ; un second vient à la charge, et ainsi de suite : le dragon ne peut pas lutter contre les serpents.

LE JEUNE HOMME, *chantant.*

Être à côté d'une jarre de bon vin et se contenter de flairer, est-ce possible ?

ELLE, *chantant.*

Quand on est en voyage, boire un peu de vin ou de thé calme la soif.

LE JEUNE HOMME, *chantant.*

Voir des prunes-prunelles n'apaise pas la soif.

ELLE, *chantant.*

Contempler le dessin d'une galette apaise la faim.

LE JEUNE HOMME, *chantant.*

Si tu veux que je m'en aille, donne-moi...

ELLE, *chantant.*

Que pourrais-je bien vous donner en souvenir ? J'ou-

1. Les Chinois comptaient dix-huit instruments de guerre : sabre, lance, massue, etc.

vre un coffre et j'en retire deux paires de chaussures de femme rouges et brodées de fleurs ; je vous en offre une paire: emportez-les. Quand vous voudrez me voir, vous les regarderez. Et maintenant partez sans retard, car mon beau-père, ma belle-mère et mon mari peuvent rentrer d'un instant à l'autre... Je vais devant.

LE JEUNE HOMME, *chantant.*

Le jeune homme vous suit.

ELLE, *chantant.*

J'ouvre la porte d'entrée. *Ai ya!* Frère aîné, quel malheur! Voici mon beau-père, mon mari et ma belle-mère qui arrivent. Les voyez-vous là-bas? En tête marche mon beau-père, puis mon mari; la belle-mère vient la dernière.

LE JEUNE HOMME.

Ai ya! Ma sœur, que faire? Y a-t-il dans le mur un trou à chien par où je puisse m'esquiver?

ELLE, *chantant.*

Il ne ferait pas bon sortir par la porte d'entrée. Viens, viens, viens! tu t'en iras par la porte de derrière. Les larmes aux yeux, je te reconduis.

LE JEUNE HOMME, *chantant.*

Ma sœur! ma sœur! ne vous attristez pas : dans deux jours je reviendrai.

ELLE, *chantant.*

Frère aîné! vos visites ne doivent pas être trop fréquentes : si on le savait, quel esclandre! (*Avec ironie.*) De votre côté, ne vous attristez pas trop, procurez-vous des distractions. Quand vous aurez perdu toutes vos dents, que vos cheveux auront blanchi, alors je vous permettrai de passer une nuit complète à mes côtés.

En attendant, venez me trouver chez ma mère les jours où j'irai lui rendre visite. Nous ne saurions tout nous dire cette fois. Au revoir, mon beau garçon ! séparons-nous. Attendez que j'aille chez ma mère, et, comme deux canards mandarins, nous nous aimerons.

Je suis, en te quittant, triste comme un enfant qui se sépare de sa mère. Je rentre ; toi, pars !

TIÉ COUNG YUAN[1]

LE DÉBIT DE THÉ DE L'ARC DE FER.

PERSONNAGES :

La mère.
La fille.
Chefou, jeune étudiant.
Les domestiques de Chefou.
Kwang Yin, prétendant.

CHEFOU, *entrant suivi de quatre domestiques.*

Le parfum a fini de brûler dans le brûle-parfums, le son du gong expire, le vent du printemps est frais et le printemps vous empêche de dormir. La lune en s'en allant dessine l'ombre des fleurs sur la balustrade.

Je me nomme *Chefou*. Mon père est un des mandarins du plus haut rang de la présente dynastie, il est de plus ministre de la guerre. Son autorité est grande : mandarins civils et militaires de Péking et des provinces lui donnent les témoignages du respect. Un homme est au-dessus de lui, l'Empereur;

1. Littéralement cour de l'arc de fer. Les débits de thé sont très-souvent en plein air.

tous les autres hommes sont au-dessous. S'il désire la mort de quelqu'un, il faut que ce quelqu'un meure. C'est assurément un homme terrible.

En ce qui me concerne, mon père me chérit à l'égal d'une pierre précieuse, et me laisse agir à ma guise ; toutefois il a le malheureux défaut de me forcer à rester enfermé toute la journée dans la bibliothèque, il ne me permet pas de sortir et veut pour me marier attendre que j'aie acquis un des trois plus hauts grades littéraires.

Pour comble de malheur, je suis tombé sur un précepteur ennuyeux, qui, entrant dans les vues de mon père, ne m'accorde pas un seul jour de congé, et me tient toute l'année comme dans une prison. C'est à mourir de colère et d'ennui ! Réfléchissez : j'ai vingt-trois ans et je suis arrivé au septième chapitre du livre des enfants ! Jugez par là de ma capacité : est-il probable que je puisse jamais passer ces examens ?

N'est-ce pas là vouloir la mort d'un vivant ? J'entends tous les jours mes condiciples lire cette sentence : « Il faut étudier, plus tard vous serez instruit. » Je traduis : « A quoi bon étudier, puisque la science viendra plus tard ? » Et dans cette phrase : « Les rapports d'homme à femme sont de la plus haute gravité pour l'humanité, il faut s'écarter du mal comme d'une odeur puante et aimer le bien d'un parfait amour, » je trouve cette autre version : « Il ne faut aimer que les femmes ! » N'est-ce pas là une règle de conduite bien exposée ?

Mon professeur, lui, ne dit pas comme moi. Dès qu'il ouvre la bouche, c'est pour parler soit des vieilles poésies, soit de Confucius et des devoirs envers la famille et l'État, ou bien encore des moyens propres à faire régner la tranquillité sur la terre. Suis-je capable de comprendre de pareilles questions?

C'est heureusement aujourd'hui le jour de la deuxième lune où l'on va visiter les tombeaux. Le lettré *Wen* s'est décidé, quoique difficilement, à retourner chez lui pour offrir du vin aux mânes de ses parents et faire la toilette de leurs tombeaux. Me voilà libre.

Domestiques!

LES DOMESTIQUES.

Nous voilà.

CHEFOU.

A vous tous, trouvez le moyen de distraire votre maître, de faire s'épanouir son cœur et de dissiper la sourde colère qu'il a dans le ventre [1].

LES DOMESTIQUES.

Où pourrait-on bien aller? Monsieur voudrait-il se rendre au théâtre?

CHEFOU.

Je ne veux pas.

LES DOMESTIQUES.

Si nous allions nous promener à la campagne?

CHEFOU.

Ce n'est pas encore cela.

LES DOMESTIQUES.

Que vous faut-il alors? (*Ils réfléchissent*)... Nous

1. C'est généralement dans le ventre que les Chinois placent le siége des passions et de l'intelligence.

avons trouvé ! Si nous allions voir de jolis visages, qu'en penseriez-vous ?

CHEFOU.

Cela me convient : où sont-ils ?

LES DOMESTIQUES.

Nous répondons qu'il y en a.

CHEFOU.

Je les veux beaux.

LES DOMESTIQUES.

Quelle est cette parole ? Si ce n'est pas bien, nous ne demanderons pas d'argent.

CHEFOU.

En fin de compte, où sont-ils ?

LES DOMESTIQUES.

Nous croyions que vous le saviez, mais vous l'ignorez.

CHEFOU.

Comment le saurais-je?

LES DOMESTIQUES.

Nous allons dire la vérité sans détour : En dehors de la porte *Tchien men* [1], près du pont du Ciel, est un débit de thé tenu par deux personnes, la mère et la fille. Pas d'homme ! la mère s'occupe des clients, la fille verse le thé ; elle n'a pas plus de seize à dix-sept ans. Elle est pareille à l'arbre dont toutes les branches sont couvertes de fleurs bien disposées.

Pour la beauté du visage, elle serait une des deux plus belles, non-seulement parmi les filles de Péking,

1. Une des trois grandes portes qui, à Péking, font communiquer la ville tartare avec la ville chinoise.

mais encore parmi celles de Soutchoou et de Hantchoou.

Quand Monsieur l'apercevra, nous en répondons, il sera satisfait.

CHEFOU, *avec ironie.*

Ce n'est pas bien.

LES DOMESTIQUES.

Comment! pas bien ?

CHEFOU.

Je crains une chose : c'est qu'à sa vue mon âme ne s'envole au neuvième ciel et que le terrible vent *Kang fong* [1] ne m'emporte, ne me pulvérise, ne m'anéantisse. Mais cessons de plaisanter. Si ce que vous dites est vrai, votre maître vous donnera de l'argent. Domestiques !

LES DOMESTIQUES.

Voilà !

CHEFOU.

Emportez beaucoup d'argent et partons.

LES DOMESTIQUES.

Oui.

(Ils sortent avec leur maître.)

LA MÈRE.

(Portant le costume d'une femme du peuple. Elle entre par une porte opposée à celle par ou les précédents sont sortis.)

Quand on tient un débit de thé, c'est pour amasser quelques sapèques. La vieille mère et sa fille ont ou-

1. Vent fabuleux des légendes chinoises.

vert ce débit afin de gagner leur vie. Je me rappelle le temps où feu mon mari vivait encore, il était mandarin militaire de cinquième rang.

Nous n'avons eu qu'une fille, à laquelle il a donné l'éducation d'un vrai garçon et enseigné les dix-huit façons de combattre. Mon mari possédait un arc, que lui avaient laissé ses aïeux ; cet arc, fait de cuivre intérieurement et revêtu de fer, était finement ciselé ; ma fille en tirait à la perfection. Mon mari s'étant trop fatigué au service de l'État tomba dangereusement malade et rentra dans ses foyers en convalescence. Mais cent remèdes ne parvinrent pas à le guérir : il mourut. A l'approche du moment difficile il me dit ces paroles : « Je suis le descendant d'hommes qui ont employé toute leur énergie à servir l'État, je voulais m'illustrer à la tête des troupes afin que l'Empereur t'accordât un titre et protégeât nos enfants. Je ne savais pas que le ciel avait fixé le nombre de mes jours ni que je devais mourir au milieu du chemin. Je laisse derrière moi une fille unique, pas de fils. Cherche un bon mari pour elle et vous vous appuierez sur lui jusqu'à la mort. »

— « Je suis une femme ! répondis-je, incapable de distinguer un bon d'un mauvais gendre, saurai-je choisir un mari pour notre fille ? »

— « Tu as raison, dit mon mari, et il ajouta : Prends l'arc de fer de la famille comme pierre de touche ; si quelqu'un autre que ma fille, grand mandarin du palais ou paysan habitant une cabane, peut bander cet arc, donne-la-lui pour épouse. »

Je voulais lui adresser d'autres questions, je ne réfléchissais pas, hélas! à son triste état, car, après m'avoir fait cette dernière recommandation, il ferma les yeux et mourut. Cette mort ne nous a pas laissés tranquilles, le temps du deuil passe comme un trait et la petite a deux fois huit printemps. En la tenant enfermée dans une chambre, je ne l'eusse pas mariée, je suis donc venue tenir un débit de thé dans la grande rue. J'ai accroché l'arc de fer au poteau. Les gens qui ne sont pas au courant se contentent de dire : c'est le débit de l'Arc de fer, car ils ignorent qu'il y a un mariage là dessous. Si le ciel favorable veut que je rencontre un bel homme capable de bander cet arc, je lui donne ma fille ; toutes mes anxiétés à l'égard de cette dernière cesseront dès lors et j'aurai un soutien jusqu'à ma mort.

Il est midi, et c'est la fête du deuxième mois, où l'on fait la toilette des tombeaux, où l'on offre des libations aux aïeux. La foule passe ininterrompue et plus nombreuse qu'à l'ordinaire. Il est nécessaire que ma fille vienne ici tout disposer, tout mettre en ordre. J'accroche notre enseigne, et j'attends la pratique... Fille, viens donc, arrive ici !

LA FILLE.

J'y suis, j'y suis, mère. Qu'y a-t-il à faire?

LA MÈRE.

Cette enfant devient imbécile. Il faut faire ce que l'on fait et ce n'est pas un jour néfaste pour nous. Où donc as-tu jamais vu une boutique encore fermée à cette heure? Ne vas-tu pas te dépêcher de tout disposer, de tout mettre en ordre pour qu'on puisse servir du thé?

LA FILLE.

Vous avez raison, dépêchons-nous.

(*Les musiciens jouent au fond de la scène; la jeune fille balaye, essuie la table; la mère suspend l'enseigne.*)

LA MÈRE.

Regarde ta vieille mère, qui, tout occupée de son commerce, ne s'est pas encore coiffée et n'a pas eu le temps d'attacher ses petits souliers.

(*Elle entortille des bandelettes autour de sa cheville.*)

LES DOMESTIQUES, *entrant avec leur maître.*

Pour arriver ici nous avons suivi de grandes avenues et des rues secondaires, nous avons passé par le marché aux pierres précieuses, par la rue du *Léou li tchang*, et nous voici arrivés.

CHEFOU.

Où donc?

LES DOMESTIQUES, *montrant la mère du doigt.*

Ne voyez-vous pas?

CHEFOU.

C'est cette vieille?... Je m'enfuis.

LES DOMESTIQUES.

Sa fille est belle.

CHEFOU.

Ai! Le proverbe dit : Celui qui veut acheter un poulain à l'écurie doit examiner la jument. Est-il possible que cette vieille ait une jolie fille? N'en parlons plus.

LES DOMESTIQUES.

Maître, ne parlez pas de la sorte. Dirigeons-nous de ce côté, regardez et vous serez convaincu.

CHEFOU.

Entrons alors.

LES DOMESTIQUES, *frappant sur la table.*

Une ! deux ! trois ! apportez du thé.

LA MÈRE.

Que viennent faire ici ce tas de mauvais sujets ?... Que venez-vous faire ici ?

LES DOMESTIQUES.

Prendre du thé.

LA MÈRE.

Un moment de patience ! C'est aujourd'hui la fête de la deuxième lune, vous seriez mieux aux tombeaux de vos ancêtres.

LES DOMESTIQUES.

Quelle prétention ! ne vous prenez pas au moins pour une aïeule à qui nous venons rendre nos devoirs. Versez vite le thé.

(*La mère verse le thé.*)

CHEFOU, *goûtant.*

Quel est ce thé ? l'eau n'était pas bouillante, les feuilles sont de mauvaise qualité.

LES DOMESTIQUES.

Hé ! la marchande !

LA MÈRE.

Qu'y a-t-il ?

LES DOMESTIQUES.

L'eau n'était pas bouillante, donnez du thé de bonne qualité.

LA MÈRE, *à part.*

Faiseurs d'embarras ! dans tout commerce il faut

subir les caprices du monde. N'importe, un marchand doit avoir une triple dose de patience. Sachons supporter. Fille, apporte de bon thé.

LA FILLE, *arrivant la théière à la main.*

Que faut-il faire ?

LA MÈRE.

Nous avons des clients, va vite leur verser du thé. N'est-ce pas en vouloir à la vie de la marchande que de la réduire à envoyer sa fille faire ainsi la servante.

(*Chefou considère la fille pendant qu'elle verse le thé. Elle sort.*)

LES DOMESTIQUES.

Eh bien ! maître, qu'en pensez-vous ?

CHEFOU, *souriant.*

C'est en vérité un joli minois. Et cette vieille lui aurait donné le jour ?

LES DOMESTIQUES.

Assurément, vous l'avez dit.

CHEFOU.

D'un fourneau délabré peut donc sortir de la jolie porcelaine ?

LA MÈRE, *à part.*

Serais-tu jaloux de la beauté de ma fille ? Eh bien ! oui, tu aurais le plus grand besoin de rentrer dans mon fourneau pour te vernisser. Voyez-vous l'insolent ?

CHEFOU, *buvant.*

Ce thé ne vaut rien.

LA MÈRE.

J'ai pourtant dit à ma fille de prendre du meilleur et de verser de l'eau bien bouillante. Si ce thé ne vous plaît pas, lequel vous faut-il ?

CHEFOU.

Ah! c'est votre fille qui l'a préparé. Goûtons encore : bon thé! excellent thé! thé délicieux! Ce thé est à point! approchez-vous donc, la marchande!

LES DOMESTIQUES.

Hé! la marchande! notre maître vous appelle.

LA MÈRE.

Qu'y a-t-il encore?

CHEFOU.

Asseyez-vous.

LA MÈRE.

Dites vite ce que vous avez à me dire.

LES DOMESTIQUES.

Notre maître vous fait honneur. Soyez convenable.

CHEFOU.

Je vous prie de vous asseoir, causons ensemble. (*La mère s'assied.*) Quel âge vénérable avez-vous atteint?

LA MÈRE.

Dix-sept, plus dix-huit, plus vingt-cinq.

CHEFOU.

Combien cela fait-il en tout?

LA MÈRE.

Soixante ans.

CHEFOU.

Dix-sept, plus dix-huit, plus vingt-cinq. C'est exact, vous comptez bien.

LA MÈRE.

Dans ma jeunesse, j'ai appris le commerce chez un changeur.

CHEFOU.

Bravo! Et votre honorable nom?

LA MÈRE.

Wang.

CHEFOU.

Et votre mari?

LA MÈRE.

Mort.

CHEFOU.

Ah! il n'est plus.

LA MÈRE.

Comme vous dites.

CHEFOU.

Et combien comptez-vous de fils?

LA MÈRE.

A moins que je ne vous appelle mes fils...

CHEFOU.

Pas tant d'amabilité!

LA MÈRE.

Je n'ai pas un seul fils.

CHEFOU.

Et des fillettes?

LA MÈRE.

Une!

CHEFOU.

C'est cette demoiselle qui nous versait le thé tout à l'heure?

LA MÈRE.

Oui.

CHEFOU.

Combien compte-t-elle de printemps fleuris?

LA MÈRE.

Ma fille?

CHEFOU.

Oui, votre fille.

LA MÈRE.

Seize.

CHEFOU.

C'est mon affaire.

LA MÈRE.

Qu'est-ce à dire?

CHEFOU.

Tout beau! vous vous méprenez. J'ai dix-huit ans, deux de plus qu'elle.

LA MÈRE.

Qui s'occupe de votre âge?

CHEFOU.

Est-elle fiancée?

LA MÈRE.

Non.

CHEFOU.

C'est au mieux.

LA MÈRE.

Quoi?

CHEFOU.

Vous vous méprenez, je suis libre. Je n'ai pas de beau-père.

LA MÈRE.

En quoi cela m'intéresse-t-il?

CHEFOU.

Madame...

LA MÈRE.

Je n'oserais accepter ce titre.

CHEFOU.

J'aurais deux mots à vous dire, mais c'est diablement difficile.

LA MÈRE.

Je vous écoute.

CHEFOU.

Je m'appelle Che. Mon père est mandarin du plus haut grade.

LA MÈRE.

Vous êtes son fils! Ah! j'ai manqué d'égards envers vous.

CHEFOU.

Oh! entre gens de même famille, qu'importe?

LA MÈRE.

C'est trop de politesse.

CHEFOU.

Vous disiez donc que votre fille n'est pas encore fiancée. Précisément, je n'ai pas encore de femme. Faisons une alliance. Je réponds de votre bonheur pour le reste de vos jours. Quand vous mourrez, je veillerai à vos funérailles. Cela vous va-t-il? Pourquoi vous fatiguer à débiter du thé?

LES DOMESTIQUES.

C'est une occasion qui ne se présente pas une fois dans un siècle. Madame, ne la laissez pas échapper par votre faute.

LA MÈRE.

Que dites-vous?

CHEFOU.

Je veux être le gendre qui prendra soin de votre vieillesse et qui veillera à vos funérailles.

LES DOMESTIQUES.

Acceptez la proposition.

LA MÈRE.

Ah! ah! votre famille compte un mandarin de premier rang? Vous auriez un Empereur, que je n'y ferais pas plus d'attention. Que d'affaires depuis votre entrée : c'est l'eau qui n'était pas bouillante, le thé qui ne valait rien, et mille autres sornettes. J'ai retenu ma colère, je vous ai supportés et bien traités, pourquoi me déranger davantage?

LES DOMESTIQUES.

Madame, pas de colère, elle serait inutile. Réfléchissez plutôt. Vous êtes marchande de thé, et notre maître va jusqu'à solliciter votre alliance. Réfléchissez trois fois, et craignez de vous repentir plus tard.

LA MÈRE.

Décampez! Vous parlez comme des rustres.

CHEFOU.

Qu'est-ce à dire? Cette femme m'insulte. Holà, mes gens!

LES DOMESTIQUES.

Voici!

CHEFOU.

Tirez de l'argent de votre poche.

LES DOMESTIQUES.

C'est fait.

CHEFOU.

Arrangez-vous avec la vieille marchande.

Ces huit cents taëls sont pour acheter des ornements de tête à ma fiancée. Demandez à la mère si elle consent à notre union. Si elle refuse, dans trois jours votre maître amènera une chaise avec un nombreux cortége pour enlever de force la demoiselle.

LES DOMESTIQUES.

Très-bien! Vieille, écoutez-nous : notre maître sacrifie huit cents taëls pour les fiançailles. Il vous demande si vous consentez à cette union. Si vous vous obstinez à refuser, dans trois jours il enverra une belle chaise pour enlever votre fille. Mieux vaut donc la donner maintenant. N'hésitez pas. Pourquoi laisser prendre une mauvaise tournure à une si heureuse affaire?

LA MÈRE.

Ah! ah! vous croyez qu'il est facile et simple de forcer la vieille maman dans ses retranchements? Un ancien proverbe dit : Celui qui le premier tient le couteau est le plus fort. Je vais vous frapper, fils sans respect et désobéissants!

(*Elle les bat.*)

LES DOMESTIQUES.

Vous voulez la guerre? Eh bien! frappons! frappons!

CHEFOU.

Frappez, vous autres.

(*La mère les poursuit. Chefou perd son chapeau et son habit. Les domestiques prennent la fuite.*)

KWANG YIN, *entrant.*

Partout dans la grande rue on se bat, on se querelle. Cet homme qui arrive en courant ressemble bien à mon ami Chefou... Chefou! arrive, arrive donc. Dans quel état je te vois!

CHEFOU.

J'étais allé au bain, mais l'eau étant bouillante, le bain a pris feu... Regarde-la donc, elle me poursuit!

(*Il s'enfuit.*)

LA MÈRE, *tenant un battoir.*

Écartez-vous de son chemin, la maman arrive. (*Kwang Yin veut la retenir.*) Ah! tu lui viens en aide pour qu'il me frappe?

KWANG YIN.

Non pas, je veux vous conseiller.

LA MÈRE.

Me conseiller, c'est heureux! car, si tu voulais lui prêter main-forte, je...

KWANG YIN.

Bonne vieille, qu'avez-vous?

LA MÈRE.

Il s'est envolé, le brigand!... Mais on n'est pas bien en pleine rue pour parler. J'ai là juste en face mon petit débit de thé, je vous prie de venir vous y asseoir et prendre du thé.

KWANG YIN.

Mais je vais vous déranger. Bonne mère, je vous prie de vous asseoir.

LA MÈRE.

Je vous en prie, asseyez-vous.

KWANG YIN.

Madame, Chefou est le fils d'un mandarin de premier rang.

LA MÈRE.

J'en veux à ses jours.

KWANG YIN.

Hélas ! jamais la partie n'a été égale entre gens honnêtes mais pauvres, et gens riches et haut placés. Si vous reconduisez Chefou à coups de battoir jusqu'à sa porte, son père prendra certainement parti pour lui et ce n'est pas vous qu'il soutiendra. Réfléchissez un peu, voyons : quels sont en somme les motifs de votre grande colère ?

LA MÈRE.

Mon fils, buvez d'abord votre thé. Je vous expliquerai la chose dans un instant. Fillette ! apporte du thé.

LA FILLE.

Que faut-il faire ?

LA MÈRE.

Verse.

LA FILLE.

Je refuse.

LA MÈRE.

Pourquoi ?

LA FILLE.

Servir cet individu de tout à l'heure ? à sa vue mes cheveux se hérissent.

LA MÈRE.

Mais ce n'est plus ce vaurien ! L'autre s'est enfui.

LA FILLE *s'est approchée, elle répand le thé sur la table, occupée qu'elle est à regarder Kwang Yin.*

LA MÈRE.

Ai ! voilà le thé sur la table. (*Elle l'essuie.*) Vos habits ne sont pas tachés ?

KWANG YIN.

Ce n'est rien.

LA MÈRE.

Étourdie, va-t'en.

LA FILLE, *se retirant.*

Oh ! la belle tête !

KWANG YIN.

Je vous en prie, restez assise, Madame!

LA MÈRE.

Monsieur, asseyez-vous!

KWANG YIN.

En un mot, pourquoi cette grande colère ?

LA MÈRE.

On reconnaît en vous un homme comme il faut ; je vais tout vous dire : Il est donc venu boire du thé, l'eau bouillante n'était pas de l'eau bouillante, il ne voulait boire que du thé servi par ma fille. Mais une commerçante doit être patiente, on lui a donc servi d'autre thé. Lui a continué à tenir je ne sais quels mauvais propos, à s'occuper trop de ma fille.

KWANG YIN.

Dans quel sens ?

LA MÈRE.

Il me faisait mourir de colère, je lui ai dit que je ne désirais pas lui donner ma fille en mariage ; devinez ce qu'il a répondu.

KWANG YIN.

Quoi donc ?

LA MÈRE.

Que si dans les trois jours je n'avais pas consenti, il viendrait avec ses domestiques l'enlever de vive force.

KWANG YIN.

L'enlever de vive force ?

LA MÈRE.

L'enlever de vive force !

KWANG YIN, *frappant la table du poing.*

Ce n'est pas permis, ce n'est pas permis.

LA MÈRE, *posant un pied sur la table.*

Oh ! le vaurien ! le vaurien !

KWANG YIN.

Je réfléchis. Mon ami Chefou est cependant un fils de grande famille, comment peut-il agir de la sorte ? Quand je le rencontrerai, je lui adresserai une sévère réprimande. S'il n'en tient pas compte, je le frapperai d'une façon exemplaire et me brouillerai à jamais avec lui. S'il vous plaît, Madame, combien avez-vous d'enfants ?

LA MÈRE.

Hélas ! en quittant ce monde mon mari ne m'a pas laissé de fils, je n'ai que ma fille, la même qui tout à l'heure a apporté le thé. Elle et moi nous tenons cette boutique pour tâcher de gagner notre vie.

KWANG YIN.

Quoi! cette enfant qui commande l'amour

LA MÈRE.

Vous me flattez....

KWANG YIN.

Ces mille onces d'or?

LA MÈRE.

Parole flatteuse....

KWANG YIN.

Ma petite sœur aînée?

LA MÈRE.

Trop de flatteries!

KWANG YIN.

Priez-la de venir, je veux la voir.

LA MÈRE.

Elle est sotte, ne vous moquez pas d'elle.

KWANG YIN.

Je n'oserais.

LA MÈRE.

Fille, approche.

LA FILLE.

Mère, que faut-il faire ?

LA MÈRE.

Nous avons un client.....

LA FILLE.

Un client qui....

LA MÈRE.

Qui veut te voir.

LA FILLE.

Où est-il ?

LA MÈRE.

Regarde ce monsieur qui boit son thé.

LA FILLE.

Je ne veux pas m'approcher de lui.

LA MÈRE.

Pourquoi ?

LA FILLE.

Je rougirais.

LA MÈRE.

Ne dissimule pas. Il y a un instant, à sa vue tu n'as pas su verser le thé dans la tasse. - Va vite! Monsieur, ma fille est venue.

KWANG YIN.

Vous êtes une demoiselle distinguée, je n'ai pas été poli envers vous et je vous en fais mes excuses, moi tout jeune homme.

(*Il la salue.*)

LA FILLE.

Vous me comblez! je vous rends la politesse.

(*Elle lui rend son salut.*)

KWANG YIN.

Petite sœur aînée, asseyez-vous, je vous prie.

LA FILLE.

Monsieur, je vous prie, asseyez-vous.

LA MÈRE, *s'en allant.*

Je vais surveiller les clients.

LA FILLE.

Quel est votre noble nom, votre grand prénom? quel palais habitez-vous ?

KWANG YIN.

Moi, le petit, je me nomme Kwang, mon prénom est Yin. Mon père s'appelle Kwang Choung, mes ancêtres étaient de la province du Honan. Mon père, mandarin de troisième rang, est actuellement à Péking où il commande la garde de l'Empereur, sa famille est installée dans la capitale. Et vous, Mademoiselle, quel est votre noble nom ?

LA FILLE.

Mon nom de famille est Wang, mes aïeux étaient mandarins militaires, mon père est mort, il était mandarin de cinquième rang.

KWANG YIN.

Mademoiselle, combien avez-vous de printemps ?

LA FILLE.

Je n'oserais accepter un pareil compliment. Votre servante a cette année seize ans.

KWANG YIN.

Moi, idiot, j'ai deux ans de plus.

LA FILLE.

Donc, dix-huit ans.

(Ils se regardent.)

LA FILLE.

Le manche de votre éventail est d'un jade précieux.

KWANG YIN.

Oserai-je l'offrir à mademoiselle, s'il lui plaît?

LA FILLE.

Oh ! non.

KWANG YIN.

Quelle importance cela a-t-il ?

LA FILLE, *acceptant.*

Merci !

LA MÈRE, *qui est entrée à pas de loup.*

Voyez-vous cette gamine ? Pour sa première entrevue avec ce jeune homme, comme elle sait lui soutirer un cadeau ! Eh ! eh !

LA FILLE.

Que faut-il faire ?

LA MÈRE.

Petite éhontée ! connais-tu ce monsieur, pour accepter son éventail ?

LA FILLE.

Je n'en voulais pas. C'est lui qui me l'a offert.

LA MÈRE.

Je ne te crois pas, je vais m'informer. S'il te l'a offert, c'est bon ; mais si tu l'as demandé, gare !

LA FILLE.

Vous pouvez.

LA MÈRE.

Comment se fait-il qu'en ce monde deux inconnus échangent des présents ?

KWANG YIN.

Madame, veuillez donc prendre la peine de vous asseoir.

LA MÈRE.

Après vous. A propos, j'ai une question à vous poser.

KWANG YIN.

Laquelle ?

LA MÈRE.

Est-ce vous qui avez offert un éventail à ma fille? ou bien est-ce elle qui vous l'a demandé ?

KWANG YIN.

Cet éventail lui plaisait, je le lui ai offert.

LA FILLE.

Vous voyez bien!

LA MÈRE.

C'est vrai : le cadeau était volontaire... En auriez-vous un autre à me donner?

KWANG YIN.

Sur moi, non! mais un de ces jours je vous en apporterai un.

LA FILLE.

Vous n'avez pas de honte, maman ?

LA MÈRE.

Quand j'en demande, il n'y en a plus.

KWANG YIN.

Tiens! voilà un bel arc ciselé. Ayez donc la bonté de me le montrer. (*La mère le lui donne.*) C'est assurément un arc merveilleux, de cuivre à l'intérieur, de fer au dehors. D'où le tenez-vous ?

LA MÈRE.

Ah! cet arc, il vient de nos ancêtres, et ma fille en sait tirer.

KWANG YIN.

En vérité ?

LA MÈRE.

Montre à monsieur ton talent.

KWANG YIN.

Je ne veux pas.

LA MÈRE.

Comment ?

LA FILLE.

J'ai oublié.

LA MÈRE.

Ma belle enfant, depuis combien de temps n'es-tu pas allée au champ de manœuvres des Mandchoux, pour avoir oublié la manière de tirer de l'arc ? Attends, je vais te donner une leçon : la jambe droite en avant, et d'aplomb ! la gauche bien posée ! la main gauche en bec d'oie ! La droite....

LA FILLE.

Vous dites ?

LA MÈRE.

C'est selon la saison : au printemps, vous mettez trois doigts ; en automne, quatre ; en hiver, les cinq.

LA FILLE.

Et l'été ?

LA MÈRE.

Un seul doigt.

LA FILLE.

Cela suffit. Vous croyez donc sérieusement que je ne sais pas ? (*Elle se met en position de tirer.*) Regardez, monsieur : si c'est bien, ne vous déclarez pas mon élève par politesse ; si c'est mal, ne raillez pas.

LA MÈRE.

Quelle enfant! Soyez indulgent, c'est un amusement pour elle.

KWANG YIN.

A merveille, Mademoiselle! vous tirez à ravir.

LA FILLE.

Vous vous moquez. Point de flatteries!

LA MÈRE.

C'est une enfant: ne la flattez point trop.

KWANG YIN.

Il faut que je m'essaye avec votre fille.

LA MÈRE.

Comment? Vous m'effrayez!

KWANG YIN.

Oh! trois fois de suite! une seule ne suffirait pas.

(*Il prend une flèche.*)

LA MÈRE.

A la bonne heure! montrez-nous votre talent.

(*Kwang Yin tire de l'arc. La mère court vers le but.*)

LA FILLE.

Superbe! merveilleux!

KWANG YIN.

Vous me raillez, mademoiselle.

LA FILLE.

Je n'oserais. C'est très-bien. Vous maniez l'arc bien mieux que moi. — Maman!

LA MÈRE.

Ma fille?

LA FILLE.

Demandez à monsieur s'il ne sait que tirer de l'arc, et s'il ne connaît pas d'autres exercices.

KWANG YIN.

Je connais les dix-huit façons de combattre.

LA MÈRE.

C'est parfait.

LA FILLE.

Comment cela?

LA MÈRE.

N'a-t-il pas dit qu'il connaissait les dix-huit modes de combat?

LA FILLE.

Puisqu'il en est ainsi, je veux m'aligner avec lui au jeu du sabre.

LA MÈRE.

Après l'arc, l'escrime? Fais attention à ne pas avoir le dessous.

LA FILLE.

Soyez tranquille.

LA MÈRE.

Monsieur...

KWANG YIN.

Elle veut donc me donner une leçon?

LA FILLE.

Que dit monsieur?

LA MÈRE.

Il consent.

(Donnant un sabre à Kwang Yin.)

J'ai une recommandation à vous faire, jeune homme.

La lance et le sabre sont aveugles, il ne s'agit ici que d'un jeu, d'une distraction. Ma fille est jeune. Soyez prudent, et ne la blessez point.

KWANG YIN.

Comment oserais-je? En garde!

(*Tout en s'escrimant, il caresse de la main la joue de la jeune fille.*)

LA MÈRE.

Que vois-je?

LA FILLE, *pour donner le change.*

Hélas! mère.

LA MÈRE.

Qu'y a-t-il?

LA FILLE.

Il m'a donné un soufflet.

LA MÈRE.

Attends, je vais le traiter comme il le mérite.

LA FILLE.

Oh! ce n'est rien. C'est un peu de ma faute.

LA MÈRE.

Alors, si c'est de ta faute, pourquoi crier? En attendant, voilà ma boutique à thé transformée en champ de manœuvres.

LA FILLE.

A propos, mère, d'où nous vient cet arc?

LA MÈRE.

De ton père.

LA FILLE.

Ah!

LA MÈRE.

Voyez-vous, la rusée!

LA FILLE.

Et pourquoi mon père nous a-t-il laissé cet arc?

LA MÈRE.

Pour que tu en tires.

LA FILLE.

En tirer. Dans quel but?

LA MÈRE.

En tirer pour en tirer. Voilà tout.

LA FILLE.

C'est inexact. Un autre après moi doit en tirer aussi.

LA MÈRE.

Voyez donc quelle insistance ; (*à part*) mais je ne parlerai pas. (*Haut.*) Celui qui saura s'en servir, celui-là sera un homme !

LA FILLE.

Ce n'est pas tout à fait cela.

LA MÈRE.

Que veux-tu dire ?

LA FILLE.

Mon père à son lit de mort n'avait-il pas dit : Si quelque autre que ma fille peut tirer de cet arc, qu'il en soit....

LA MÈRE.

Quoi?

LA FILLE.

Je n'oserais dire cela sans rougir.

LA MÈRE.

N'importe. Dis toujours.

LA FILLE.

Eh bien!... qu'il en soit le mari!

LA MÈRE.

Voilà du joli! Et qu'est-ce que vous faites de la pudeur?

LA FILLE.

Maman, va donc lui parler pour moi.

LA MÈRE.

De quoi?

LA FILLE.

Eh ! mais, du mariage....

LA MÈRE.

Je craindrais de rougir. Je n'en ferai rien.

LA FILLE.

Bien sûr?

LA MÈRE.

Bien sûr!

LA FILLE.

Moi, j'oserai.

LA MÈRE.

Petite servante, qui ne sais pas rougir! Attends, je vais avec toi. Mais comment veux-tu que je tourne ça? Tant pis, je me risque. — Dites-moi, jeune homme, quel âge avez-vous?

KWANG YIN.

Dix-huit ans.

LA MÈRE.

Deux années de plus que ma fille. Vous êtes jeune encore.

KWANG YIN.

En effet !

LA MÈRE.

Regardez notre arc. Comment le trouvez-vous ?

KWANG YIN.

Magnifique !

LA MÈRE.

C'est un trésor que nous ont légué nos aïeux. Feu mon mari, à son lit de mort, m'a fait cette recommandation : si quelque autre que ma fille peut bander cet arc....

KWANG YIN.

Alors ?...

LA MÈRE, *fredonnant.*

Koung koung sse tcho chang[1] *! !*

KWANG YIN.

Mais parlez donc.

LA MÈRE.

Qu'il la prenne en mariage.

KWANG YIN.

Vraiment ! En ce cas, belle-mère, asseyez-vous à ma gauche, à la place d'honneur, et recevez mes salutations.

(*La musique joue. Il fait devant elle les prosternations d'usage.*)

LA MÈRE, *à part.*

Voilà qui est fait. Je n'ai pas essuyé de refus. Cependant, j'ai un peu agi à la légère. Je bâcle un ma-

1. Premières notes de la gamme chinoise.

riage en une seconde, et je n'ai pas même demandé son nom au mari.

LA FILLE.

Je le lui ai demandé, moi.

LA MÈRE.

Alors tout va bien. C'est toi qui as été prudente.

LA FILLE.

Et qu'est-ce que vous lui avez conté tout bas?

LA MÈRE.

Tu remets encore la question sur le tapis. Eh bien, cet homme m'a fait mourir de colère.

LA FILLE.

Est-ce possible?

LA MÈRE.

Il eût mieux valu ne pas parler. Ma proposition l'a suffoqué.

LA FILLE.

Mais encore, qu'a-t-il dit?

LA MÈRE.

Ce qu'il a dit? il a dit : Ah! ah! paysanne effrontée, penses-tu qu'une servante aux cheveux roux puisse s'allier à un fils de famille?

LA FILLE.

Ah! le monstre impitoyable. Si j'avais su cela plus tôt, je l'aurais tué, quand je luttais au sabre avec lui.

LA MÈRE.

Que dis-tu?

LA FILLE.

Oui, je l'aurais tué!

LA MÈRE.

Tuer un homme? c'est abominable! Je vais te dire la vérité. Tout va bien.

LA FILLE.

Alors, allez vite faire chauffer de l'eau.

LA MÈRE.

Pourquoi?

LA FILLE.

Mais pour me baigner, faire la toilette de ma tête, de mes petits pieds, en un mot, opérer ma transformation.

LA MÈRE.

Un homme grand a un grand cœur. — Garçons, cette demoiselle ne se baigne pas dans la cuve publique. Préparez-lui une baignoire particulière!

MAI IEN TCHEE

LA MARCHANDE DE FARD

LES PERSONNAGES SONT :

Mademoiselle Wang-yué-ing.
Sa mère.
Couo-wei, étudiant.

LA JEUNE FILLE, *chantant.*

Quand les fleurs s'épanouissent, le cœur est ému !
Les papillons qui voltigent font éclore les sentiments !
A la troisième lune au printemps, la fleur du pêcher s'entr'ouvre !
En été le bassin est caché sous les fleurs de nénuphar !
En automne, on boit le vin en regardant les jaunes chrysanthèmes !
En hiver, la neige qui tombe donne du parfum aux nombreuses fleurs du prunier d'hiver !

(*Elle parle.*)

Je suis mademoiselle Wang-yué-ing. Mon père est mort depuis longtemps déjà. Ma mère et moi nous sommes venus à *Pienléang* tenir une boutique de fard. Ma mère est sortie aujourd'hui et je suis obligée de suspendre l'enseigne moi-même. (*Elle chante.*) Wang-yué-ing a ouvert une boutique de fard, elle vend aussi de la poudre de riz de *Iantchoou*, son rouge est de première qualité. Je suspends l'enseigne à la porte de la boutique et j'attends les clients de *Pienléang*.

L'ÉTUDIANT.

Je suis Couo-wei, venu de *Looyang* à *Pienléang*, passer des examens. J'ai subi les trois épreuves malheureusement mon nom n'a point paru en dernier lieu sur la liste. J'étais résolu tout d'abord à rentrer dans mon pays ; mais redoutant les railleries des parents et des amis, je suis resté à *Pienléang* où je gagne ma vie avec mon écriture. Hier, en passant sur le pont *Toung-tchiao*, j'ai aperçu une jolie fille aussi belle que *Tchangho*, et je vais de ce pas chez cette marchande de fard. Je la saluerai pour arriver à mes fins.

(*Musique.*)

LA JEUNE FILLE, *chantant.*

J'aperçois un jeune homme qui me salue, je lui offre une chaise vernissée de rouge : asseyez-vous, je vous prie de vous asseoir, je vous prie de vous asseoir. A propos, Monsieur, pourquoi venez-vous dans notre boutique ?

L'ÉTUDIANT.

Si je n'avais pas un motif, je ne viendrais pas dans

ta boutique. J'apporte trois cents taëls et je veux acheter du rouge de première qualité.

LA JEUNE FILLE.

Monsieur, donnez l'argent.

L'ÉTUDIANT.

Volontiers.

LA JEUNE FILLE, *chantant.*

Déposez-le sur le comptoir vernissé, de mes deux mains je vous donne le rouge.

L'ÉTUDIANT.

J'ai le rouge et je m'en vais !... Mais j'y réfléchis, je pense, je pense, il faut que je la séduise. Un instant : moi, Couo-wei, que vais-je faire de ce rouge ? Il m'est tout à fait inutile. Ah ! j'ai trouvé. Je rentre l'agacer, n'est-ce pas bien ? (*Il chante.*) Je rentre et je me tiens debout dans la boutique, mon idée fixe est de faire la cour à une jolie fille.

LA JEUNE FILLE.

Ah ! pourquoi revenez-vous ?

L'ÉTUDIANT.

Ma sœur aînée, ce rouge n'est pas de votre fabrication.

LA JEUNE FILLE.

Comment le savez-vous ?

L'ÉTUDIANT.

Il est défraîchi.

LA JEUNE FILLE.

Une fois appliqué sur le visage, la couleur n'en est plus pâle.

L'ÉTUDIANT.

Je vais essayer.

(*Il lance un peu de fard sur la joue de Wang-yué-ing.*)

LA JEUNE FILLE.

Pourquoi sur ma joue ?

L'ÉTUDIANT.

Sur ma figure pourrais-je voir la nuance ? sur votre joue je distinguerai parfaitement.

LA JEUNE FILLE.

A votre aise ! La couleur est-elle bonne ?

L'ÉTUDIANT.

Médiocre.

. . . .

. . . .

LA JEUNE FILLE, *chantant.*

Je prends dans une armoire en bois rouge vernissé un paquet de fard première qualité ! (*Elle parle.*) Emportez-le, emportez-le donc.

L'ÉTUDIANT, *chantant.*

Je tends mon éventail pour recevoir le rouge, mais je voudrais bien la séduire. (*Il parle.*) Ce rouge ne me paraît pas bon teint encore.

LA JEUNE FILLE, *avec humeur.*

Quel rouge voulez-vous donc?

L'ÉTUDIANT.

. . . .

LA JEUNE FILLE.

Vous m'ennuyez.

L'ÉTUDIANT.

Que vous êtes jolie, mademoiselle ! (*A part.*) J'ignore si ses pieds sont déformés ou dans leur état naturel. Je saute par dessus le comptoir et vais m'en assurer. (*Il chante.*) Couo-wei saute par-dessus le comptoir rouge, Wang-yué-ing est aussi belle que *Tchangho* qui habite la lune. Sa tunique en soie rouge n'est ni longue ni courte, sa jupe de soie est brodée de fleurs et cache deux petits pieds, lys d'or, à peine longs de trois pouces, ses cheveux sont noirs et fins, son chignon ressemble à de noirs nuages, sa bouche est rouge comme la pêche, et sur sa lèvre inférieure est peint un cercle de carmin. Comment s'empêcher de porter la main dessus ?

LA JEUNE FILLE.

Peuh ! (*Elle chante.*) Je l'insulte : Mauvais jeune homme ! Vous avez grande audace à venir vous attaquer à moi dans ma boutique. Si vous n'étiez pas un jeune étudiant, j'appellerais les voisins de droite et de gauche qui s'empareraient de vous.

L'ÉTUDIANT, *chantant.*

Moi, Couo-wei, je m'esquive, la honte me monte au visage, mais je tremble devant pareil danger. Restons en dehors de la porte et écoutons ce que la demoiselle dira.

LA JEUNE FILLE.

Ah ! monsieur Couo ! monsieur Couo ! Il est parti pour tout de bon. Par bonheur il est homme et moi je suis jeune fille ; si j'étais homme et qu'il fût jeune fille, je l'embrasserais comme ça (*elle tend les lèvres, les bras et se met à rire, puis elle chante*). A sa vue on a pu lire mon bonheur sur mes sourcils. C'est un honnête garçon et il sera parti pour de vrai, j'en suis attristée, j'en suis troublée, je n'aurais pas voulu qu'il me quittât...

L'ÉTUDIANT, *revenant*.

Mademoiselle Wang est là dans sa boutique à penser à moi. Feignons d'avoir perdu notre éventail, je vais recommencer mes attaques.... Mais où est-il donc ?

LA JEUNE FILLE.

Qu'avez-vous perdu, monsieur Couo?

L'ÉTUDIANT.

Mon éventail.

LA JEUNE FILLE.

Je vais vous aider à le chercher.

L'ÉTUDIANT.

Je ne voudrais pas vous causer cette peine.

LA JEUNE FILLE.

Mais où donc est-il?

L'ÉTUDIANT.

Ici.

LA JEUNE FILLE.

Où ?

L'ÉTUDIANT.

Ici. *Ha! ha! ha!*

LA JEUNE FILLE.

Fi donc!

L'ÉTUDIANT.

Ha! ha! belle ! Ah ! belle !

LA JEUNE FILLE.

Pourquoi temple[1] ? nous n'avons ici que la chapelle du dieu du foyer. (*Elle chante.*) A qui avez-vous envoyé le rouge que vous avez acheté hier, et à qui allez-vous envoyer celui d'aujourd'hui ?

L'ÉTUDIANT.

Celui d'hier à un ami, celui d'aujourd'hui est destiné à une amie.

LA JEUNE FILLE, *chantant.*

Jeune étudiant, ne passez pas dans les mauvaises rues, cela vous empêcherait de réussir dans vos examens.

L'ÉTUDIANT, *chantant.*

Je m'incline devant vous : merci de vos bons conseils, sage demoiselle. A propos, votre mère est-elle à la maison ?

LA JEUNE FILLE, *chantant.*

Non, elle est allée chez des parents, loin d'ici.

L'ÉTUDIANT.

Parfait ! C'est à propos, c'est à propos. (*Il chante.*) Sa mère est absente, voici le moment de lui faire la cour. Moi, Couo-wei, je saute par dessus le comptoir. Relevons le rideau et asseyons-nous dans la chambre de la jeune fille.

1. Calembour chinois : les deux caractères *beauté* et *temple* se prononcent à peu près de la même façon.

LA JEUNE FILLE.

Monsieur Couo, je vous prie respectueusement de sortir, je ne veux pas vous écouter et je vais appeler les voisins.

L'ÉTUDIANT.

Appelez-les. Qu'on m'entraîne devant le mandarin, qu'on m'applique quarante coups de bambou, je le veux bien, peu m'importe.

LA JEUNE FILLE.

Mais que désirez-vous ?

L'ÉTUDIANT.

Vous faire la cour.

LA JEUNE FILLE.

Fi donc ! un pareil propos me fait m'en aller.

L'ÉTUDIANT.

Je me précipite pour la retenir, je m'accroche à sa robe. Je suis à deux genoux ! il le faut, mademoiselle, ayez pitié de la pauvre créature.

LA JEUNE FILLE.

Lâchez-moi, lâchez-moi, aï ! (*Elle chante.*) Je ne sais ce qui me retient de vous frapper.

L'ÉTUDIANT.

Je vous en prie, battez-moi ! je vous en prie, battez-moi !

LA JEUNE FILLE.

Ai ! ai ! ai ! (*Elle chante.*) Je crains que vous n'oubliiez plus tard vos sentiments d'aujourd'hui.

L'ÉTUDIANT, *chantant.*

Mademoiselle, sauvez-moi, je n'oublierai jamais....

LA JEUNE FILLE, *chantant.*

Comment résister ? Je souris.....

L'ÉTUDIANT.

Ainsi deux canards mandarins reposent, leurs cous appuyés l'un sur l'autre. (*Il chante.*) Je voudrais mettre tes cheveux en désordre.

LA JEUNE FILLE, *chantant.*

Et moi pousser sur le côté votre bonnet d'étudiant.

L'ÉTUDIANT, *chantant.*

Ma figure est joyeuse. Je veux te quitter, je veux me retirer.

LA JEUNE FILLE, *chantant.*

Je le retiens par le pan de sa robe.

LA MÈRE.

Eh bien ! le temps est clair, pourquoi donc la porte de la boutique reste-t-elle close ? (*A sa fille.*) Servante, ouvre.

L'ÉTUDIANT.

Qui crie à la porte ?

LA MÈRE.

Servante qui devrais être morte, ne reconnais-tu pas la voix de ta mère ? Je suis ta mère. Vite ! vite !

LA JEUNE FILLE.

Me voilà.

LA MÈRE.

Pourquoi tardes-tu à ouvrir?

LA JEUNE FILLE.

J'y cours, j'y cours.

LA MÈRE.

Une question : Par un temps clair, en plein jour, on ne vend donc pas, que la boutique est fermée ?

LA JEUNE FILLE.

Je ressens un petit malaise.

LA MÈRE.

Ah ! tu es malade ? attends, je vais m'en assurer. *Ai ya !* tes oreilles sont froides comme de la glace. *Ha ! ha !* coquine ! ta figure passe du noir au rouge. Je crains bien la chose.

LA JEUNE FILLE.

Quoi donc ?

LA MÈRE.

Approche-toi.

LA JEUNE FILLE.

J'y vais. La chose, qu'est-ce donc ?

LA MÈRE.

Je te le demande, qu'as-tu fait ?

LA JEUNE FILLE.

Monsieur est un *tchu-jen*.

LA MÈRE.

Un *tchou-che* [1] *!* Pourquoi ne va-t-il pas dans une bonzerie fabriquer des bouddhas en plâtre ?

LA JEUNE FILLE.

Mais non, c'est un *tchu-jen* qui se rend dans la capitale.

LA MÈRE.

Comment se fait-il qu'un *tchu-jen* passe par chez nous ?

1. Autre calembour reposant sur la ressemblance des mots *tchu-jen*, licencié, et *tchou-che*, plâtrier.

L'ÉTUDIANT.

Je me suis trompé de route.

LA MÈRE.

Pourquoi passez-vous par la chambre de ma fille ?

LA JEUNE FILLE.

Mère, c'est la première fois, cela n'aura pas lieu une seconde fois.

L'ÉTUDIANT.

Bien sûr ! je demande à me retirer.

LA JEUNE FILLE.

Revenez demain de bonne heure.

LA MÈRE.

Coquine, tu me fais mourir de honte. *Ai ya !*

Mais comment s'étonner que ma fille... quand moi-même, une vieille femme, je voudrais à première vue embrasser ce beau jeune homme comme ceci, comme ceci. *Ai ya ! ai ya !*

CHINOISERIES INTIMES

DE PARIS A CANTON

LA VÉRITÉ SUR LES BATEAUX-FLEURS.

Oh ! les cousins enseignes de vaisseau, les camarades attachés d'ambassade ; oh ! les gens qui, sortant d'une baraque, affirment qu'on en a pour l'argent ; oh ! les maris qui disent du bien du mariage ; oh ! les voyageurs revenus de Chine qui veulent à toute force vous persuader d'aller en Chine ; oh ! l'Orient, la couleur locale, les craquelés, les cloisonnés, les porcelaines de la famille rose, les laques, les bronzes, les écrans et les paravents ; oh ! les petits albums menteurs représentant des Chinoises plus fines que nature, empressées autour de gras Chinois qui sourient avec béatitude ; oh ! la Chine et les chinoisants !

Nous en racontait-il, Adhémar, avec ses bateaux-fleurs, le soir où notre cercle offrit à cet intrépide explorateur le grand souper du retour ?

— Les bateaux-fleurs, voilà ce qu'il faut voir !

s'écriait-il. Puis, l'œil au plafond, il soupirait :

— Douce ville de Canton, je t'aime avec tes grands jardins, tes bananiers, tes palmiers, tes petites Chinoises, et cette belle *Feitsoué*, que les roués Chinois ont surnommée la perle brune! je respire encore le parfum embaumé de sa couronne de jasmin ; je presse encore entre mes doigts ses fins poignets ornés de bracelets de jade ; je vois encore ses petits pieds dans leurs pantoufles fleuries, et sa robe de gaze rose si transparente !... Comme la mélodie de ta voix et de ta guitare se mêlait harmonieusement à la chanson du fleuve et des roseaux, ô précieuse *Feitsoué*, à bord de notre bateau-fleur !

Il m'ennuyait, Adhémar ! cet explorateur vous avait une manière de prononcer bateau-fleur, en me regardant les yeux clignés, qui semblait vouloir dire : Ce n'est pas à toi, avec ton col cassé, tes pantalons à l'éléphant et ta houppelande pareille à celle des fous de Bicêtre, qu'il arrivera jamais de goûter aux délices d'un bateau-fleur !

— Il est donc bien loin le bateau-fleur où se cache ta merveilleuse *Feitsoué ?*

— Canton, quai des eaux dormantes, le quatrième bateau à gauche en descendant le fleuve. Très-acile à reconnaître: il est tout bleu avec des vitres roses.

— Et Canton, est-ce loin ?

— Pas bien loin, en Chine! Une heure de fiacre d'ici à la gare de Lyon, seize heures de wagon par le rapide pour arriver à Marseille, trente-cinq jours de mer, et, une fois à Canton, cinq minutes de chaise ou de *sanpan*[1] pour te rendre à l'adresse indiquée.

Le fait est que le champagne commençait à me donner des idées chinoises. Je me trouvais d'ailleurs dans une disposition d'esprit toute particulière; une *Feitsoué* parisienne venait de me trahir pour un Japonais d'importance, je n'aurais pas été fâché de rendre guerre pour guerre à la race jaune.

— Un verre à la santé de mademoiselle *Feitsoué !* dans trente-six jours, je lui donnerai de tes nouvelles.

— Il part pour Canton ?

— Comme dans le *Tour du Monde.*

— Bravo !

— Rapporte-moi un coffret en peau de serpent!

— Un chien à poil ras !

— Des pantoufles !

— Un petit Chinois !

Ce fut un délire. On m'embrassa, Adhémar pleura, les dames m'accompagnèrent à la gare, et le lendemain, la tête encore un peu lourde et les idées troubles, je me réveillais, sans trop savoir comment, en qualité de passager de première classe à bord du *Sindh* (capitaine Rapatel), qui filait de toute la force de son hélice dans la direction de Canton et du bateau-fleur aux vitres roses.

Deux jours de mistral pour me mettre en goût, début pittoresque mais bouleversant. Puis Naples avec son golfe bleu, son ciel bleu et son amphithéâtre de

1. Littéralement *trois planches;* le *sanpan* est une toute petite embarcation qui se manœuvre à la godille.

coteaux couronné de blanches villas! seulement, ce jour-là, comme toujours, il pleuvait à Naples et le soleil faisait relâche. Aussi, je l'avoue entre nous, n'ai-je pas aperçu grand'chose.

Très-jolie, Messine, mais on n'y descend pas.

Ce tas de rochers noirs, là-bas à notre gauche, c'est la Crète ; ô mythologie!

Voici Port-Saïd, la terre des Pharaons : des maisons en carton, une enseigne de photographe, et quelques arbres, déportés sans doute pour cause politique, en train de faire leur temps sur une langue de sable jaune.

Onze heures de canal, affreux soleil, poussière aveuglante. Quand sortira-t-on? Un bateau remonte de la mer Rouge et force le nôtre à se garer ; nous voilà immobiles au fond d'une crique artificielle que dominent des tas de sable incandescents. Sensation du poulet dans sa rôtissoire!

On repart : la mer Rouge! ah! bien oui, la chaleur augmente et le soleil me semble plus gros. D'ailleurs superbe de désolation, tout est cuit. La côte d'Arabie, avec sa succession de rochers roux et de sables mamelonnés, fait l'effet d'un interminable chapelet de brioches fumantes.

Aden, village anglais, noir comme un plum-pudding oublié au four.

Puis, l'Océan! c'est plus large, on respire.

Je signale un cachalot, je constate l'existence des poissons volants.

Pointe de Galle, Singapore, Saïgon : ici c'est le contraire de la mer Rouge. Trop de végétation ; des forêts vierges poussent dans les rues pour peu qu'on oublie un jour de les balayer.

Hong-Kong, ville anglaise avec un nom chinois. Je ne m'y arrêterai pas, je ne veux débarquer que dans la vraie Chine. On transborde mes bagages sur un steamer américain qui va remonter le fleuve. Encore six heures, ô *Feitsoué*, et je serai à Canton, le paradis de mes rêves, la ville sacrée des bateaux-fleurs.

Nous stopons, enfin !

— Les bateaux-fleurs ? Qu'on m'y porte en chaise tout de suite.

Le maître d'hôtel sourit et me répond : — Monsieur, il faut voir les bateaux-fleurs la nuit, le jour ce sont des bateaux comme tous les autres.

J'attends donc patiemment, à côté du soda-water obligatoire, sous le *pankah* dont un coolie endormi tire la ficelle pour rafraîchir l'air et mettre en fuite les moustiques, et je tue le temps à rêver bateaux-fleurs, petites Chinoises aux poignets fins et voluptés orientales.

Dix heures !...

Un boy Chinois me dit en français : Quand monsieur désirera....

L'escalier de l'hôtel trempe dans l'eau comme à Venise ; un canot est au bas qui nous attend, un canot européen ! j'eusse préféré, pour la couleur locale, me rendre au bateau-fleur en *sanpan* ou en chaise.

Mon gondolier à longue queue me montre là-bas, sur l'autre rive, des myriades de lumières qui se réfléchissent dans l'eau. J'entends un bruit confus d'instruments et de voix, quelque chose comme l'écho lointain d'une fête foraine.

Le bruit augmente, les lumières se rapprochent :

— Les bateaux-fleurs ! les bateaux-fleurs !

Les récits d'Adhémar, mon imagination naturellement poétique, m'avaient fait rêver des bateaux-fleurs plus beaux que nature : des bateaux en bois précieux, incrustés de nacre, perdus dans un nuage de soie et de pavillons, montés par un équipage de rameurs féminins et promenant sur le fleuve aux eaux claires le bruit confondu des baisers, de la musique et des rames.

Hélas ! le fleuve est limoneux et les bateaux-fleurs de Canton, amarrés à perpétuité, ne descendent pas plus le fil de l'eau que la frégate-école ou la Samaritaine.

Cependant, ma première mauvaise humeur passée, je suis obligé de convenir que le spectacle est, en somme, curieux. Ces bateaux, une trentaine environ, rangés côte à côte sur plusieurs lignes, réunis par des passerelles, et formant sur l'eau une petite ville de plaisir, ces fenêtres illuminées aux vitres bleues, oranges ou rouges, ces portes bizarrement découpées s'ouvrant toutes larges sur l'avant et décorées de fleurs en guirlandes, de lanternes peintes et de lustres en verroterie, tout cela me pénètre d'une joie chinoise.

Je compte les bateaux : un, deux, trois... le quatrième a des vitres roses, c'est bien celui d'Adhémar.

Quelle émotion quand je pose le pied sur son avant fleuri ! Quel triomphe en passant sous son arcade éblouissante qui me rappelle en petit l'entrée de Mabille! Quelles palpitations de cœur pour descendre les trois marches qui conduisent au premier des deux salons dont se compose tout bateau-fleur!

On me sert du thé, on me fait asseoir dans un fauteuil à dossier de marbre, excellent pour la fraîcheur.

Deux autres degrés conduisent de la première à la seconde pièce. Rien, pas même une tenture ne les sépare.

Quelques Chinois vénérables et gras y sont assis autour d'une table ronde et se laissent gravement servir à manger et verser à boire par des demoiselles de quatorze à quinze ans, debout derrière eux.

Très-jolies les petites *kounéang*, quoique un peu trop fardées pour leur âge! Elles ont des fleurs naturelles piquées avec goût dans leurs cheveux noirs, des bracelets d'or massif ou de jade vert. Leurs yeux sont brillants, leurs mains fines, et je remarque avec plaisir que leurs pieds, naturellement petits, n'ont pas eu besoin d'être déformés pour tenir dans d'imperceptibles pantoufles.

Au bruit que je fais en m'asseyant, quelques-unes se retournent et me regardent, puis elles se remettent à rire, à s'éventer et à picorer dans les assiettes.

Les Chinois, eux, mangent toujours! ma présence ne paraît pas les gêner.

Au dessert, ils trouvent bon de prendre leurs aises. Je les vois mettre leur torse à l'air et m'étaler une collection de bedaines de Poussahs, d'épaules trop grasses et de bras sans muscles. C'est d'ailleurs sérieusement et le plus ingénument du monde que ces marchands de gingembre, de riz, d'opium ou de nids d'hirondelle, se font éventer, nus jusqu'au nombril, par les jeunes filles et jouent avec elles au jeu de la *morra*, à qui devra absorber le plus de tasses de vin chaud.

— Et mademoiselle *Feitsoué?*

— Mademoiselle *Feitsoué*, me répond le propriétaire du bateau, vient quelquefois quand d'honorables négociants l'amènent; elle n'est pas venue aujourd'hui.

— Elle n'habite donc pas ici?

— Et par les dix mille sages, où dormirait-elle? il n'y a pas de lits sur les bateaux-fleurs.

Pas de lits sur les bateaux-fleurs! ceci dérange mes idées. Que me contait donc Adhémar?

— Cependant, ces messieurs du fond?...

— Ce sont des messieurs qui ont loué le bateau pour ce soir et s'offrent une fête intime.

— Intime!.... mais alors, moi, que fais-je ici?

— Ce que fait tout le monde. Voici d'autres visiteurs qui viennent comme vous réjouir leurs yeux et leurs oreilles, car tout à l'heure on va chanter.

— Et si je voulais emmener souper la petite?

— *Feitsoué kounéang?* Une demoiselle à la mode? souper avec un étranger, un diable à cheveux rouges! jamais! cela la perdrait de réputation. Pourtant, si vous vouliez vous raser la tête, mettre une fausse queue, vous frotter de safran, endosser le costume chinois et apprendre quelques mots de notre langue, peut-être l'enfant consentirait-elle. Il ne vous resterait plus alors qu'à me louer mon bateau pour un soir : deux cents taëls, une bagatelle ! qu'à payer les fleurs, l'éclairage, qu'à commander un souper à vingt-quatre services pour *Feitsoué*, les amies qu'il lui plairait d'inviter et les amis que vous inviteriez vous-même, plus le thé qu'il est d'usage d'offrir aux visiteurs.

— Comment ! je serais obligé d'admettre ?...

— Tous ceux qui vous feront l'honneur de venir, *ta lao yè*, la politesse chinoise l'exige.

Drôle de manière qu'ont ces Chinois de comprendre le cabinet particulier !

Mes négociants ont fini de dîner. Tous, Chinois et Chinoises, viennent dans la première salle. Je veux me retirer, on me retient avec mille façons cérémonieuses : il me faut rasseoir. On verse du thé, on fait circuler les pipes à eau, un vieillard très-poli retire la sienne de sa bouche et insiste pour que je me l'introduise entre les dents ; refuser serait manquer aux convenances.

Cachant sa figure derrière un éventail, une des demoiselles se met à chanter. Mes hôtes écoutent en croquant des pépins de pastèques torréfiés, exercice masticatoire souverain, paraît-il, pour la digestion. Et du thé ! encore du thé ! et des pipes ! encore des pipes ! des chansons ! encore des chansons ! et toutes sur le même air criard et monotone.

On va fumer l'opium ; je me retire, d'autant plus volontiers que la chaleur est étouffante et que la migraine commence à me gagner.

— Salut, nobles mandarins !

— *Ming tien houè, ta lao yé :* à demain, grand vieux monsieur !

Hélas ! le grand vieux monsieur ne reviendra pas demain. C'est donc cela les bateaux-fleurs ? oh ! la Chine et les chinoisants !

LA

BOITE D'OR DE MONSIEUR TALUTING

Les deux lions en pierre qui gardent la porte d'entrée du palais du prince *Tipawang* regardaient comme d'habitude les piétons lents, les charrettes traînées par une mule et les mendiants accroupis à l'ombre d'un mur sur la poussière noire de la *rue de la Prospérité commerciale*.

Sous le vestibule, des piques ornées d'une frange rouge, des sabres rouillés, des chapeaux noirs et ridiculement coniques, des oripeaux d'apparat écarlates, étaient appuyés ou suspendus le long des parois. Les gardes déguenillés de Son Altesse dormaient étendus sur des bancs en bois ; il fait si chaud à Péking, aux jours de la canicule !

Une petite voix aigre et flûtée vint les arracher à leur doux repos. C'était la voix de M. *Taluting*, gardien de la vertu de madame *Libellule d'Or*, première femme de Son Altesse.

Le très-sage *Taluting* était un homme, ou plutôt

un Chinois d'une trentaine d'années, d'un embonpoint aimable, bien qu'un peu exagéré ; il avait le front grand, les yeux correctement obliques, le teint pâle, la bouche petite, les mains fines et ornées d'ongles d'une longeur démesurée.

— « Que personne ne sorte du palais ! il faut que l'objet perdu se retrouve. »

M. *Taluting* était véritablement en colère. Ce calme affecté dont le Chinois bien élevé ne se départit jamais, pas même en présence du dernier supplice, M. *Taluting* l'avait perdu ! Ses pieds coquets trépignaient de colère dans ses bottes en velours, et ses ongles déchiraient fébrilement sa belle dalmatique en gaze bleue.

A son injonction, les gardes s'agenouillèrent, comme c'était leur devoir, et de leurs poings unis saluèrent profondément. Pourtant, était-ce un effet de sa préoccupation? M. le gardien de la vertu crut voir passer un sourire malicieux sur leurs figures prosternées.

Il ne se trompait pas, car, lorsqu'il fut parti, le chef des gardes, se redressant, murmura : « Que diable M. le gardien de la vertu peut-il bien avoir perdu encore ? »

Et tout le poste éclata de rire.

M. *Taluting*, toujours en proie à son incurable tristesse, rentrait dans le palais par la seconde porte intérieure et s'arrêtait dans la première cour. La tête baissée vers la terre, il semblait chercher l'objet perdu, mais il ne vit qu'abeilles et papillons butinant sur les plantes parfumées qui poussaient librement dans les interstices des énormes dalles en pierre. Alors deux larmes coulèrent le long de ses joues, tandis qu'il se laissait choir sur la première marche du petit escalier qui conduit à la verandah circulaire des pavillons en rez-de-chaussée.

Les dragons hérissés au coin des toitures grimaçaient plus ironiquement qu'à l'ordinaire, et les pigeons familiers, agrémentés, à la mode chinoise, d'un petit sifflet éolien attaché à une plume de leur queue, faisaient entendre, en traçant des ronds dans l'air bleu, des sifflements positivement ironiques.

Qu'avait donc perdu M. *Taluting ?*

Il avait perdu sa boîte, une merveilleuse petite boîte en or, chef-d'œuvre du premier orfévre de Canton, incrustée de pierres précieuses, et dont le couvercle représentait, gravé au burin, un Joseph chinois résistant aux sollicitations passionnées d'une madame Putiphar aux pieds déformés, aux petits yeux fendus en amande.

— « Pourquoi hier au soir, en allant voir la princesse, ai-je eu la malencontreuse idée d'emporter ma boîte avec moi et ne l'ai-je pas enfermée dans mon coffre à double cadenas ? J'ai dû la perdre pendant cette visite. Cependant la princesse ne l'a pas trouvée chez elle. Que je suis malheureux ! la boîte peut se remplacer, mais ce qu'elle contient ?... Vieux ciel, hélas !... Les grands coupables que l'on décapite ont au moins en mourant la suprême consolation d'être ensevelis avec leur tête. La tête ne tient plus au tronc, il est vrai ; mais, le jour où ils comparaissent devant *Ien-wang*, ils peuvent la prendre entre leurs mains, cette tête, et montrer à ce terrible juge des enfers qu'ils n'ont rien égaré d'eux-mêmes sur la terre.... Comment ferai-je, moi, pour me présenter devant lui sans ma boîte ? »

Que contenait donc la boîte du très-sage M. Taluting ?

« — Monsieur *Taluting !* monsieur *Taluting !....*»

C'était son familier qui accourait, petit garçon de douze ans, coquettement vêtu d'une longue robe en cotonnade.

« — ... Monsieur *Taluting !* la boîte est retrouvée.»

Un rayon de joie brilla dans les yeux humides du sage gardien de la vertu.

— Retrouvée !

— Pas précisément, mais on est sur la piste : le voleur, c'est *Riz Blanc* (*paei-mi*), le petit chien favori de la princesse. Il a trouvé la boîte en jouant dans les coussins. Mademoiselle la caméristе *Océan de Jade* l'a vu, mais n'a pas osé la lui reprendre. Alors *Riz Blanc* est descendu dans le jardin. Il s'amusait à jouer avec la boîte, sur le sable, le jardinier l'a vu, mais n'a osé rien lui dire. Alors *Riz Blanc* s'est dirigé vers la porte du palais. Je l'ai vu passer, mais je n'ai rien osé lui dire non plus, et je suis venu vous raconter l'affaire.

— Il fallait arrêter *Riz Blanc*, il fallait lui reprendre la boîte.

— Maître, jamais je n'aurais osé porter une main téméraire sur le chien favori de la très-majestueuse princesse.

A ce moment, M. *Taluting* entendit un bruit régulier de pas, un cliquetis confus d'armes heurtées. Le petit chien traversait la cour, très-joyeux, tenant toujours entre les dents le précieux bijou, et les gardes de la porte, partagés entre le désir d'obéir aux ordres de M. *Taluting* et la crainte de déplaire à un animal qu'aimait la très-honorée princesse, le poursuivaient lentement, sabre nu en main, mais à une distance respectueuse.

Alors le palais put voir une chose vraiment inouïe: M. *Taluting*, mandarin de premier rang, décoré de la plume de paon, gardien suprême de toutes les vertus de madame la princesse, oubliant de plus en plus sa gravité, retrousser sa dalmatique et se lancer follement à la poursuite du petit *Riz Blanc*, le ravisseur de son trésor.

Riz Blanc prit peur et courut. Les gardes, le voyant courir, coururent. Et, traquée, effarée par le bruit des pas et des armes, la petite bête se réfugia dans la bibliothèque, où le prince, à cette heure, avait coutume de lire ses classiques.

— Je suis perdu! murmura M. *Taluting*. . . . . .

Au fond du palais, dans le petit jardin affectionné de la princesse, dans cette oasis en miniature où le cèdre centenaire égale à peine en hauteur le muguet et la chrysanthème, où les montagnes artificielles en stuc ne sont élevées que de quelques pieds, où, au lieu de lacs, on voit de petites vasques en porcelaines avec des poissons dorés et argentés jouant à l'ombre des larges feuilles du lis d'eau, la princesse se promenait, escortée de sa camériste.

— *Ai-ya!* vit-on jamais princesse plus malheureuse

que la malheureuse *Libellule d'Or?* Toujours chanter les mêmes vers, toujours toucher du même luth, toujours broder les mêmes fleurs et les mêmes oiseaux! Le prince, mon mari, me donne ce que je désire, étoffes en or, bracelets de jade vert, perles fines, boîtes à musique achetées aux marchands européens de Tientsin, mais il ne m'aime pas, il me délaisse pour les affaires de l'État. Vit-on jamais princesse plus malheureuse?... J'avais un ami dans ma solitude, l'aimable M. *Taluting*, gardien de ma propre vertu. *Taluting* m'aimait, lui! il m'amusait, il me faisait rire, et sa bonne humeur me charmait. *Ai-ya!* je l'ai perdu, lui aussi!

Elle cueillit un lis rouge du Japon, puis le foula de ses pieds mutins. Sur la volière en forme de pagode, où jasaient le serin, la veuve et des centaines d'oiseaux des Indes au brillant plumage, elle ne jeta qu'un regard distrait. Tout cela ne l'intéressait point. Ses chiens eux-mêmes, ses favoris au nez renfoncé, à peine gros comme des rats, vinrent inutilement quêter de leurs petites pattes et de leurs grands yeux à fleur de tête une caresse ou un gâteau.

Tout ce monde en miniature de chiens, de fleurs, d'arbustes et d'oiseaux, n'y comprenait rien.

Madame *Libellule d'Or*, fatiguée du jardin, monta dans son pavillon. Elle voulut s'asseoir devant son métier et broder deux sarcelles, emblème d'amour fidèle; elle n'en eut pas le cœur. Son luth ne l'attirait pas davantage.

Elle était vraiment jolie, cette princesse *Libellule d'Or*, souple comme le jeune saule, avec son teint de pêche, sa bouche de cerise, ses sourcils menus encadrant deux yeux bridés petillants de colère.

Et son ami, M. *Taluting*, n'arrivait pas.

Elle était vraiment charmante, Madame *Libellule d'Or*, couchée sur les larges et fraîches feuilles de bananier dont on avait eu soin de recouvrir son canapé en bois odorant. Elle se regardait dans son miroir de poche, et son miroir lui disait tantôt qu'elle était rose, tantôt qu'elle était blanche et pâle... Toute cette émotion, une boîte en était la cause !

— M. *Taluting* ne m'a pas souri ce matin, il n'a pas saisi mes petits poignets. Il était inquiet et me regardait avec colère. — Avez-vous retrouvé ma boîte ? a-t-il dit. J'ai répondu : — Non ! et il s'en est allé sans même me dire : *Tsaé tchien ! tsaé tchien*, au revoir, au revoir! Je suis naïve, trop naïve, puisque je ne comprends pas qu'un homme aimable et sage soit changé à ce point par la perte d'un simple bijou. Oh ! s'il pouvait venir, je le prierais de m'expliquer....

A ce moment, une légère rougeur vint colorer les joues de la princesse : à travers la jalousie, elle venait d'apercevoir M. *Taluting*.

« — Mademoiselle *Océan de Jade*, vous pouvez vous retirer. »

Et comme mademoiselle la caméristе ne mettait pas d'empressement à obéir :

« — Je vous ordonne de vous retirer; et, si je m'en croyais, je réfléchirais longtemps encore avant de vous envoyer dans une belle chaise écarlate, avec des flambeaux, des flûtes, des trompettes et des cymbales précédant le cortége, chez un fiancé distingué dont vous seriez indigne ! »

Mademoiselle *Océan de Jade*, les larmes aux yeux, descendit les marches du pavillon, après avoir salué la princesse d'un regard douloureux et désespéré, en se disant :

— La boîte de M. *Taluting* est perdue, et la princesse, si douce d'habitude, ressemble maintenant à une treille de roses sur laquelle souffle le vent d'orage. Il doit se passer des choses bien graves, et je ne les comprends pas.

M. le gardien de la vertu de la princesse arrivait au bas du pavillon. Le pavillon, fait en bois sculpté à jour, résumait tous les agréments d'un boudoir d'été : à l'extérieur, des plantes grimpantes; à l'intérieur, des stores représentant les scènes de la mythologie chinoise, un canapé, un métier à broder, une mandoline sur une table en laque rouge de Pékin.

Au milieu du pavillon, dans un vase cloisonné, un bloc de glace rafraîchissait l'atmosphère; quelques fleurs mourantes dans des coupes de jade la parfumaient.

En dépit de tous les rites et de la réserve qu'impose la dignité de femme et de princesse, Mme *Libellule d'Or* marcha au-devant de M. *Taluting*.

« — Madame !.... Chère amie !... le prince me suit... il a la boîte..... Il sait où *Riz Blanc* l'a trouvée !

— *Ai-ya !*

— *Ai-ya !*

— Fuyez, *Taluting !*

— Fuir, vous quitter, vous livrer seule à sa colère, jamais! s'écrie *Taluting* avec un geste plein de noblesse. Puis, à part lui, il soupira : Fuir sans ma boîte en or, jamais!

Le prince arrivait, féroce, acccompagné de son bourreau.

« — Quel bon vent vous amène, prince ? depuis longtemps le phénix n'est pas venu visiter le jardin où se repose sa compagne, et je rends grâce à la déesse *Kouan-in* d'avoir dirigé vos pas vers ces lieux.

— Le phénix, ô princesse *Libellule!* est un vautour altéré de sang. *Riz Blanc* a trouvé dans ta chambre intérieure une boîte que je ne t'ai pas donnée. Quelle est cette boîte?

— Prince, je l'ignore, dit la princesse *Libellule* en regardant *Taluting* à la dérobée.

— Que contient-elle, *Taluting?...* Mais *Taluting* ne répondit pas.

— Sans doute des vers, des lettres d'amour? Un prince trompé ne pardonne pas! Vous choisirez le genre de mort qui vous plaira, princesse : l'opium qui fait dormir pour toujours ou la feuille d'or qui étouffe... Quant à toi, *Taluting*, gardien infidèle de la vertu de ma femme, chien complice de celui qui m'a volé mon honneur, on va simplement te couper le cou. »

Le bourreau, souriant, passa la lame de son sabre sur son tablier en cuir jaune.

« — Prince, je suis coupable! mais, si on me décapite, imitez le bon empereur *Houating* qui faisait mettre dans le même cercueil la tête et le tronc des suppliciés, pour que j'arrive entier devant le sévère tribunal de *Ien-wang*, juge des enfers.

Le prince *Tipawang* est bon prince : — *Taluting*, tu auras ta tête, et je te donnerai un cercueil confortable acheté chez le fabricant à la mode.

— Une grâce encore...

— Tu n'es pas content ?

— Hélas ! prince, pour me présenter devant *Ien-wang*, ma tête ne me suffit pas. Je voudrais encore...

— Quoi encore ?

— Ma boîte en or.

— Ta boîte en or !... La boîte est donc tienne?

— Oui, prince, soupira la princesse Libellule, c'est *Taluting* qui me l'avait donnée.

— Tu mens, par le ciel et la terre !

— Voici la clef. »

Le prince prit la clef d'or que *Taluting* tirait de sa botte en velours et ouvrit anxieux la petite boîte.

Un léger parfum d'ambre et de myrrhe s'en exhala.

Taluting et la princesse se prosternèrent.

— Cesse de trembler, précieuse *Libellule*, le phénix n'est plus en colère ! Toi, *Taluting*, gardien de la vertu de ma femme, reprends ta boîte et ne l'égare plus. Elle te manquerait le jour où tu comparaîtras devant *Ien-wang*, l'inflexible juge.

Puis le prince se mit à rire à la chinoise, *ha ! ha ! ha ! ha !* et partit en se redisant cette maxime de Confucius :

« La jalousie est indigne de l'homme sage ; quand on a sujet d'être jaloux, ce n'est plus la peine de l'être ! »

LES

GRANDES EXECUTIONS A PÉKIN

Le 11 décembre est le jour fixé pour les exécutions annuelles. C'est, selon l'expression chinoise, le jour où sortent les grandes autorités.

Il est neuf heures du matin. Nous passons pour nous rendre au lieu de l'exécution, sous la voûte de *Tchong-Tcheu-Men*, la plus occidentale des portes qui établissent la communication entre la ville tartare et la ville chinoise.

Le ciel est d'un bleu clair, et, chose fort rare à Pékin, il n'y a pas le moindre vent, le moindre atome de poussière. Un bon soleil d'hiver inonde de ses rayons les vieux remparts de la ville tartare. Les mendiants demi-nus, accroupis dans un coin de mur, se réchauffent en compagnie des chiens errants, sans s'inquiéter des mandarins qui passent à cheval, ou des grands chameaux de Mongolie qui défilent lentement et convoyent sur leur dos le charbon de terre des montagnes de l'ouest.

En face de la porte, une grande avenue qui se dirige droit au sud. Nous arrivons après un bon quart d'heure à une corde qu'on a tendue en travers, pour barrer le passage aux curieux chinois. Les agents de police, armés de longs fouets, cinglent, avec toute la force que donne la conscience du devoir accompli, les spectateurs trop enclins à dépasser la limite permise. Après cet avertissement salutaire, les battus se tiennent pour satisfaits, et observent la distance.

En notre qualité d'Européen, nous franchissons, sans observation des gardiens, la barrière opposée à la foule, et nous nous engageons dans une rue transversale, où se tient d'ordinaire le marché aux légumes, mais qui cette fois sera le théâtre des exécutions. Cette rue est littéralement remplie d'officiers de police, coiffés du chapeau d'ordonnance en feutre avec franges de soie rouge. De loin, on dirait une rivière de sang dans toute la largeur de la rue. C'est à travers ce flot d'employés du ministère des supplices (tel est le sens exact des mots chinois qui correspondent à notre ministère de la justice), qu'il s'agit de nous frayer un passage. Ils s'écartent du reste avec assez de complaisance, quand ils nous entendent demander en leur langue de nous faire place.

A droite se dresse une cabane en nattes, improvisée pour la circonstance, et destinée à recevoir les patients pendant les apprêts du supplice. Des pancartes sont apposées auprès de la porte. Elles contiennent le nom des condamnés et le motif de leur condamnation. Autour d'un certain nombre de ces noms nous remarquons des cercles rouges. Un lettré complaisant nous apprend que l'empereur lui-même a pris un pinceau trempé dans le vermillon, et a tracé ces cercles sur la liste fatale en fermant les yeux et en prononçant les paroles traditionnelles : « Ce n'est pas moi qui tue ces criminels ; ce sont eux qui ont voulu être les victimes de leur perversité. » Ceux dont le nom est enfermé dans les cercles doivent périr, ceux dont le hasard met les noms en dehors échappent au dernier supplice.

Ces grands cercles rouges sont sinistres à voir, et font penser involontairement au cou sanglant d'un décapité.

Le même lettré nous désigne de loin les exécuteurs. Il nous assure qu'il est très-facile de les reconnaître, surtout quand ils sont réunis, à l'odeur fade qu'ils exhalent. Personne, ajoute-t-il, ne les fréquente, bien qu'ils soient de mœurs très douces. Depuis la plus haute antiquité on n'a jamais vu de bourreaux se quereller, se battre, ni commettre un homicide... en dehors de leurs fonctions.

Les boutiques sont fermées, mais les toits sont couverts de curieux. Point de femmes.

Bientôt un profond murmure s'élève, et la foule se précipite au-devant des charrettes qui arrivent au trot. Les condamnés en descendent. Ils ont les mains liées derrière le dos, et chacun porte planté derrière le cou un long carton où sont inscrits son nom et le crime qu'il a commis. Ils ont en général la figure abattue, les yeux hagards, malgré l'eau-de-vie qu'un riche débitant a mise gratuitement à leur disposition pour remonter leur courage. L'un d'eux, au milieu de la terreur qui semble dominer les autres, chante d'une voix forte et sonore. Ses yeux brillent d'une lueur étrange. Il est musulman.

Cependant les bourreaux ont saisi les condamnés et les font entrer dans la cabane.

Cinq coupables doivent être décapités, cinq autres doivent mourir étranglés ; enfin une femme est destinée à l'horrible supplice de la mutilation. Le bourreau lui coupera d'abord les paupières, puis rabattra la peau du front sur ses yeux. Ensuite il lui tranchera le nez, les joues, les seins, et déchiquètera sa chair.

Quatre condamnés ont commis des meurtres volontaires. L'un s'est débarrassé d'un ennemi qu'il détestait par le fer d'un assassin à gages ; l'autre est coupable de vol à main armée et de blessures; celui-ci a commis un faux en écriture, en contrefaisant un cachet, et a, par ce moyen, détourné de fortes sommes à son profit ; celui-là a volé 3,000 taëls dans le Trésor impérial, et dérobé du riz dans les greniers de Sa Majesté. Parmi ceux qu'attend le supplice de la strangulation, plusieurs ont ouvert des cercueils pour s'approprier les bijoux déposés là par la piété filiale ou l'amour maternel. Enfin la malheureuse qui sera l'héroïne de cette cérémonie sanglante a assassiné son mari avec l'aide de son amant, comme nous l'apprend une complainte qu'un crieur nous vend au prix de dix sapèques.

Sur vingt criminels inscrits, neuf, dont le nom n'a

pas été touché par le pinceau, échapperont cette fois à la mort. Mais on ne peut pas dire qu'ils soient définitivement graciés. Ils reviendront pendant un, deux, trois ans sur le lieu de l'exécution, accompagner de nouveaux condamnés, et si le pinceau impérial tombe sur leurs noms, ils seront exécutés. La clémence impériale nous semble avoir quelque analogie avec la générosité du tigre, qui laisse un instant sa proie en liberté pour la saisir de plus belle. Ces appréhensions de la mort, qui se renouvellent pendant trois années consécutives, sont plutôt une aggravation de supplice qu'un adoucissement. Quelles transes ne doivent pas éprouver ces malheureux dans la hutte en nattes du marché aux légumes? Ils n'apprennent que leur vie est épargnée qu'au moment où on les fait remonter dans la charrette qui les a convoyés à la place de l'exécution. Ils rentrent dans la prison pour une année, après quoi on les exile dans l'Ili, aux confins de la Chine, à perpétuité.

Avec la protection de grands mandarins, ils peuvent aussi devenir *restaurateurs* dans les prisons, et s'amasser un pécule avec l'argent qu'ils extorquent aux prisonniers, en leur vendant cher de mauvais aliments et en mêlant à leur thé du tabac en poudre, moyen ingénieux de pousser à la consommation, par la soif.

Mais continuons notre course, et avançons de quelques pas vers l'est, toujours au milieu des agents de police et des mandarins de tous grades. A notre gauche est établie une case en nattes, mais bien différente de celle dont nous avons parlé plus haut. Elle est entièrement ouverte. Au fond sont disposés des bancs, et sur le devant, un siége et une table, où, dans quelques instants, va être déposé l'édit impérial contenant les noms des graciés et de ceux qui vont mourir. C'est là que viennent se ranger les hauts mandarins du ministère des supplices.

Laissons-les causer et fumer tranquillement leur pipe en attendant que l'arrivée de l'édit donne le signal de la tuerie.

A quelques pas, sous un hangar, sont déposés cinq grands couteaux dont la lame a la forme d'un rectangle d'environ cinq centimètres de hauteur sur soixante de longueur. La poignée en bois représente des têtes de monstres. Ces couteaux sont, paraît-il, très-lourds vu la quantité de mercure que renferment leurs lames creuses, et datent de fort longtemps. Les Chinois les conservent très-précieusement. Ils sont l'objet d'une vénération telle, que tout mandarin se rendant chez le bourreau doit se prosterner en passant devant ces terribles instruments de la justice impériale.

Tout près, sur un fourneau, chauffe l'eau où l'on trempera ces couteaux pour leur donner plus de tranchant, et enlever le sang qui les souille. C'est horrible de simplicité!

Plus loin est le lieu même de l'exécution, c'est-à-dire la terre nue, avec les ornières qu'y tracent les charrettes. Le condamné doit donc passer devant ce petit fourneau, qui chauffe tout tranquillement.

Mais une grande clameur se produit à l'ouest : *Tche i lai lô!* l'édit est arrivé! Un mandarin à cheval l'apporte dans une boîte recouverte d'étoffe jaune. Le mandarin est escorté de soldats armés de piques, qui s'arrêtent à l'entrée de la rue, tandis que lui entre dans la baraque des grands madarins, et dépose le décret sur la table. Pure cérémonie, puisque les noms entourés d'un cercle rouge sont déjà affichés depuis longtemps ; mais c'est là le signal de l'exécution.

Arrive un patient, poussé par deux bourreaux à grand tablier jaune. Ceux-ci, appuyant sur ses épaules, le forcent à se prosterner devant l'édit impérial, puis l'entraînent au supplice. On arrache la pancarte qu'il porte dans le cou et, lui enlevant sa robe, on le laisse nu jusqu'à la ceinture. Devant le petit fourneau que vous savez, les aides du bourreau font mettre le condamné face contre terre, dans la boue noire de la rue. Une ficelle, passée sous le nez, vient se rattacher à sa longue tresse, et la tient retroussée pour qu'elle ne fasse pas obstacle au couteau.

Le bourreau s'avance les bras nus, prend des mains d'un des cinq porteurs un des couteaux et le lève. La tête tombe. Le sang jaillit sur la terre, sur le tablier et sur les bras du bourreau. Souvent, nous dit un lettré, un aide arrête l'hémorrhagie du tronc avec une galette de pâte, qui, imbibée ainsi de sang humain, constitue un spécifique fort recherché de la pharmacopée chinoise.

Cependant le bourreau remet le couteau à l'un de ses aides, saisit par la tresse la tête toute dégouttante de sang, et, la démarche altière, va la montrer aux grands mandarins, en criant, pendant qu'il fait la génuflexion devant le décret impérial : « *Chao tchi taô*, la tête est tombée! » puis il retourne lentement vers le cadavre, et dépose la tête à côté du tronc.

Dans l'intervalle, les aides ont amené une seconde victime, qui a passé par les mêmes cérémonies que la première. Le bourreau vient à sa rencontre, tout couvert d'un sang encore chaud, et aide à la dernière toilette.

Nous avons vu tomber ainsi cinq têtes, et cinq fois l'exécuteur a répété sa lugubre promenade à la case des mandarins. Aucun des suppliciés n'a opposé la moindre résistance. Ils se sont tous laissé décapiter sans proférer un seul mot. Le couteau se lève, la tête tombe. Cette tête ne grimace point, le corps ne s'agite point. Il n'y a qu'un peu plus de sang dans les ornières et sur le tablier jaune, maintenant noir, du bourreau. Après l'exécution, chaque tête est enfermée dans une cage de bois, fixée elle-même à un poteau, en plein marché. Elle doit rester là juqu'à ce que la pourriture ait mis les os à nu.

Vint le tour du musulman. Il s'avança en chantant ses prières, et fit le *Kotoou* en chantant. Il portait la tête haute ; toutefois il était pâle de cette pâleur spéciale des gens enfermés depuis longtemps dans d'infectes prisons. Un Chinois proprement mis et portant la calotte bleue des musulmans vint à sa rencontre, lui murmura quelques paroles et lui donna son doigt à baiser ; puis il se retira. Le patient se tournant alors vers le bourreau : — Faites vite ! lui dit-il, et il reprit son chant triste. A la vue des cinq cadavres déjà alignés sur le sol, il s'interrompit un instant, terrifié par cet appareil de mort. Ce ne fut qu'une émotion passagère, il continua à chanter jusqu'au bout.

Le reste des condamnés devait périr par strangulation, spectacle plus horrible encore, mais supplice moins rigoureux que la décapitation aux yeux des Chinois, qui tiennent beaucoup à ne pas être privés de leur tête dans l'autre monde. Le patient est à genoux, la tête contre les pieds du bourreau. Autour de son cou est passée une corde que le bourreau et son aide tournent lentement, méthodiquement. Quand le patient est aux trois quarts asphyxié, et quand sa figure commence à devenir noire, le bourreau lâche le petit bâton qui sert à tourner la corde de manière à laisser s'exhaler dans un dernier soupir l'âme du moribond. C'est une faveur qu'on octroie à cette âme, qui sans cela resterait enfermée à perpétuité dans le cadavre, faveur horrible qui fait renaître à la vie un homme déjà étranglé, pour l'achever un instant plus tard. Mais ce sont les rites, et les Chinois ne consentiront pas facilement à s'en départir. La corde est ensuite serrée de nouveau jusqu'à ce que mort s'en suive. Quand tout est fini, on colle sur le dos du cadavre un papier portant son nom. Le plus curieux, c'est la complète indifférence, le parfait sang-froid des bourreaux dans cette besogne écœurante.

Il reste encore quatre misérables à étrangler, la femme à supplicier, fuyons !

Le soleil est splendide. Comme auparavant, la rue est inondée de lumière.

Ce soir le bourreau va jeter les cadavres dans le *Van jen kang*, fosse des dix mille hommes, après avoir eu le soin de les dépouiller de leurs vêtements qui sont sa propriété.

On répandra quelques pelletées de terre sur tout ce sang et demain les marchands de légumes reviendront au même endroit déposer leur étalage.

EXCURSION

DE DEUX BAIGNEURS EUROPÉENS

A L'ILE SACRÉE DE POUTOU

Quand arrive l'été, les résidents européens des ports de Chine ouverts au commerce ont coutume, tout comme nous faisons en Europe, d'aller respirer l'air salin et combattre l'anémie par quelques bains de mer. Les négociants de Canton, ceux de Hong-Kong en train de bouillir au fond du bassin chauffé à blanc qu'ils appellent leur rade, prennent le steamer qui, en six heures, les transporte à Macao, dans ces spacieuses maisons de la *praya* où, tout le long du jour, les stores peints frémissent à la brise ; le Japon avec ses criques, vertes du reflet des montagnes boisées, attire quelques visiteurs de Shanghaï, Ningpo, Foutcheou, Souatow ; mais c'est surtout Tchefou, dans la province de Chantoung, qui se transforme en Trouville chinois et devient le rendez-vous général des baigneurs et des baigneuses.

Quelques originaux prétendent trouver la fraîcheur

plus près et découvrir des plages ignorées ou dédaignées.

C'est ce que nous résolûmes de faire vers le milieu de juillet 1872, mon ami M.-C. et moi, en organisant une expédition de dix jours à *Poutou*, petite île au sud de l'archipel des Tchusan. Notez que le mot expédition n'est pas trop ambitieux ici. Cette île, nous disait-on, était pire qu'une île déserte : les bonzes qui en forment toute la population ne vivant que de légumes salés et d'eau de source, nous ne devions rien trouver dans leurs pagodes hospitalières mais peu confortables. Il fallait nous munir de tout.

On achète donc du pain pour dix ou quinze jours, de l'huile, du vin, du sucre, du café, des poulets vivants avec le grain nécessaire, des légumes et de la viande fraîche soigneusement tassée dans une barrique de glace ; on se procure un fourneau en terre, des ustensiles de cuisine, des matelas, des couvertures ; on s'adjoint, à titre de cuisinier-factotum, un Chinois répondant au nom de Théodoros ; on loue une jonque, et l'on s'y installe tant bien que mal sur des matelas, car le réduit qui doit servir de salon est si bas qu'on ne peut y tenir debout.

L'ancre est levée, nous commençons à descendre la rivière. Le *lao-ta* (vieux grand, c'est-à-dire le patron) et ses aides rament à la godille en chantant des petits couplets d'un rhythme monotone. Sur les deux rives s'étendent des champs de riz semés çà et là de quelques bouquets de bambou. Des jonques en construction, des batteries abandonnées, avec leurs grands canons sans affûts couchés dans l'herbe au ras de l'eau; au lointain, des montagnes bleues. Un pauvre diable, les jambes nues, s'avance prudemment et pêche des crabes; un vol de canards sauvages passe sur nos têtes, deux ou trois énormes jonques chargées de riz croisent la nôtre en remontant vers Ningpo.

Théodoros avait négligé d'acheter du charbon. En passant devant *Tchen-haï*, à l'embouchure de la rivière, il est obligé de descendre à terre pour réparer son oubli.

Nous voici dans l'Océan! mais son eau jaunâtre chargée des limons de la rivière n'est pas encore l'eau verte et fortifiante, la vraie eau de mer que nous espérons trouver, pure de tout contact fluvial, dans une de ces criques à sable fin, bordée des vieux arbres chers aux bonzes.

La voile est hissée; la jonque s'engage au milieu des courants capricieux occasionnés par la marée, entre deux îles vertes où percent çà et là quelques roches et que tachètent en brun des lopins de terre cultivés. Mais la nuit arrive, notre jonque trace un sillage phosphorescent dans une petite mer intérieure.

Au souper, nous ne souffrons pas trop, Théodoros s'étant distingué comme cuisinier. Sur les dix heures, notre salle à manger se transforme en chambre à coucher et on s'endort au bruit de la godille, en écoutant le *lao-ta* qui siffle pour appeler la brise.

Le lendemain à l'aube nous nous éveillons en face des remparts embrumés de *Ting-haï*, capitale des îles Tchusan. Le flot étant favorable, nous continuons notre route.

A droite, un village de pêcheurs : quelques pauvres

cabanes s'abritant sous de grands arbres où sèchent suspendus des filets de pêche. A gauche, la grande Tchusan, cultivée jusqu'à son sommet et boisée dans le bas. Sur un terrain plat abandonné par la mer, des hommes à moitié nus arrosent d'eau salée des monticules de terre, ce qui est un procédé chinois pour fabriquer le sel.

Calme plat! tout l'équipage siffle, mais le vent s'obstine à ne pas venir. Les rameurs sont fatigués, nous nous arrêtons au petit village de *Chin-couan-men*, composé d'une seule ruelle où se vendent des nattes, de la viande de porc, des pêches et des pastèques.

La déesse *Couan-in* nous envoie enfin une bonne brise. Le cap est mis sur *Poutou*, et, au bout de deux heures, nous jetons l'ancre dans un petit havre abrité par des rochers, où se trouvent déjà quelques jonques de pèlerins portant, en tête de mât, un pavillon de forme quadrangulaire avec cette inscription en grands caractères chinois : « *Couan-in poussa* dirige notre marche. »

La tête lourde, les reins endoloris, nous débarquons avec joie sur une petite jetée en pierre sèche. Les cigales chantent d'une façon étourdissante, le soleil darde! il ne s'agit plus que de trouver un logement.

Il y a bien par là une pagode-hôtellerie, mais elle est envahie par des pèlerins Fokienois des deux sexes. Pris de je ne sais quelle terreur sacrée, Théodoros a perdu son sang-froid ; il ne veut à aucun prix vivre sous le même toit que cette race à turban d'humeur batailleuse. D'ailleurs la plage est tout en limon, et nous sommes sûrs de trouver mieux plus loin dans le voisinage des temples. Des paysans au service des bonzes s'offrent pour porter nos bagages, l'Européen a la réputation de bien payer les services qu'on lui rend.

La marée s'est retirée, les corbeaux viennent disputer les crabes à quelques maigres chiens errants. Nous laissons deux matelots à bord et nous partons à l'aventure par un chemin dallé qui va montant.

Au sommet de la côte un pavillon, sous lequel passe la route, nous sert quelques instants d'abri contre la chaleur.

Vient la descente : nous apercevons dans le bas-fond une grande bonzerie, c'est *Pou-tchi-chen-se* avec ses cours en gradin, ses toitures jaunes et sa ceinture de verdure. Les porteurs déposent leurs fardeaux au pied d'un portique ruiné ; les écureuils, les merles, les moineaux, les corbeaux à cou blanc, habitués à vivre en paix dans les arbres, à côté de bonzes dont la religion est de respecter tout ce qui a vie, vaquent à leurs petites affaires sans paraître effrayés de notre invasion.

Je lis, gravée sur un rocher, cette inscription chinoise : *Fei jen tchien* (ceci n'est point la demeure des mortels). On se croirait en effet transporté dans un autre monde, tant l'endroit est paisible, silencieux. Qu'on est loin du bruit des grandes villes chinoises! pas de cris de marchands ambulants, pas de palanquin de mandarin précédé d'un cortége de gens dépenaillés et de porteurs de gongs retentissants, pas de chaise rouge de fiancée allant chez l'époux au son des flûtes et des trompettes.

Un petit étang nous sépare de l'entrée du temple. Nous suivons la chaussée qui y conduit à travers un fouillis de nénuphars en fleurs. Au milieu de cette chaussée, un pavillon porte en caractères d'or cette inscription emphatique : *Hou chin ting* (pavillon du cœur du lac). Il penche et ses tuiles jaunes s'en vont une à une. Un peu plus loin, sur un petit pont en escalier, une dizaine de bonzes, debout et silencieux jusque-là, nous rendent notre salut par plusieurs *Omi-touo Fouo*. Cette formule, l'équivalent chinois de gloire à Dieu ! répond à tout dans la bouche des bonzes et signifie indifféremment bonjour, bonsoir, oui, non, et Bouddha vous bénisse !

Dans une première cour qu'envahissent les herbes et où s'ennuient quelques arbres séculaires, se dressent à droite et à gauche le *Tchoung loou* (étage de la cloche) et le *Kou loou* (étage du tambour). Une dizaine de marches nous amènent devant le sanctuaire de la pureté cachée, ses grandes portes sculptées à jour sont ouvertes à tout venant, nous entrons. Des paysans étendus ou accroupis fument tranquillement leur pipe en compagnie du gardien, les moineaux piaillent dans les combles, de jeunes bonzes jouent aux échecs dans un coin. Décidément ni la déesse *Couan-in*, ici un chapelet à la main, assise sur une fleur de lotus, là tenant un enfant dans ses bras, plus loin laissant apercevoir, entre deux immenses draperies en soie rouge, ses dix ou douze bras, emblème de puissance ; ni les *louo-han* (saints) caractérisés les uns par un front extravagant, signe des profondes pensées, les autres par des sourcils blancs et démesurés, signe d'extrême vieillesse, ne sont des hôtes bien sévères.

La fraîcheur et la demi-obscurité du lieu, des coussins en sparterie, nous engagent au repos. Un jeune desservant, dont la tête et les bras tachetés de brûlures régulières témoignent de sa ferveur religieuse, achève de moucher des chandelles rouges dans leurs chandeliers en bois sculpté ; il enfonce quelques bâtonnets dans le brûle-parfum, devant la tablette de l'empereur, puis vient nous offrir deux tasses de thé sans sucre.

Les colonnes du temple sont, comme dans toutes les bonzeries, en bois enduit d'un mastic rouge ; elles disparaissent presque sous des bannières de soie blanche ou bleue, peintes de lettres d'or, ex-votos de pieux pèlerins. Dans un coin, à côté d'un tambour énorme destiné à imiter le vent, le tonnerre et la pluie pendant les offices, la poussière et les toiles d'araignée couvrent les tablettes des bonzes qui, après une sainte et solitaire existence, reposent aujourd'hui dans le parfait anéantissement.

Ieo tchiou pii ing! (Vos demandes seront exaucées). C'est là, comment dirai-je? l'enseigne du marchand de destin qui tient sa petite industrie à côté de la porte d'entrée. Voyons ce que la déesse va nous prédire. Nous donnons des sapèques, il faut toujours donner des sapèques en Chine! D'un pot en bambou on nous fait tirer, comme à la courte paille, une planchette dont le numéro correspond à celui d'un feuillet imprimé annonçant en termes ambigus le bien ou le mal qui doit nous survenir.

Voici quelle fut ma sentence :

Prendre la lune dans l'eau n'est pas une occupation! N'ayez pas confiance aux paroles méchantes! Si vous ne faites pas tous vos efforts en cette affaire, ce que vous aurez fait sera inutile.

Mon compagnon, qui prétend mourir vieux garçon et ne s'est jamais occupé d'agriculture, a la chance de tomber sur cette merveilleuse prédiction :

Obtenir ce feuillet n'est pas bagatelle! à chaque instant, à chaque moment vos dix mille affaires réussiront! grands profits pour votre famille; vos cultures, vos élèves de vers à soie rendront au décuple; vous aurez des enfants mâles.

Jetons un coup d'œil sur les trois cours qui s'étagent jusqu'à la forêt. Il y a là des sanctuaires de second ordre : *Shin-an-tang* (sanctuaire du nouveau repos), *An-tsouo-tang* (sanctuaire du repos assis), *Pao-eun-tang* (sanctuaire de la reconnaissance), *Shien-jen-tching* (le puits des esprits). En haut, le réfectoire et le logement des bonzes. Tout cela ruiné par la dernière rébellion et envahi par les arbustes et les herbes.

Au sortir du temple nous traversons un village, ou plutôt une simple ruelle, dépendance de la bonzerie. J'achète une provision de chapelets, d'images de la déesse, de prières, d'empreintes d'inscriptions sacrées, de statuettes et certains coquillages microscopiques qui, dissous dans le vinaigre, ont la vertu de procurer d'heureux accouchements.

La côte recommence, déjà l'on respire mieux! Enfin nous voici sur la crête : à une cinquantaine de pieds au-dessous de nous, la mer verte vient mourir paisiblement sur une plage, non plus de limon mais de sable cette fois, se prolongeant à gauche jusqu'à proximité d'une pagode perdue dans la verdure où nous comptons réclamer l'hospitalité.

En avant! nous descendons un escalier fort raide taillé dans le roc et orné sur ses parois de Bouddhas sculptés en creux ou en relief et d'inscriptions telles que : *le pays de Bouddha est un printemps éternel*, ou bien : *patrimoine où l'âme est en paix*. Nous passons sans nous arrêter devant *Tchang-chin-an* (oratoire de la longue vie) et devant *Chouang-tchuen-an* (oratoire de la double science). Nous arrivons à *Fa-yu-se!*

Le chef-bonze de *Fa-yu-se*, homme fort aimable, voudrait pouvoir nous donner un logement à peu près confortable ; mais ici encore la rébellion a tout démoli ainsi que le témoignent, affichés sur les murs, de nombreux appels à la charité des visiteurs.

Notre pavillon à double toit retroussé se compose d'un rez-de-chaussée, sorte de vestibule dont les trois portes voûtées sont ouvertes à tous les vents, et d'une chambre au premier étage à laquelle conduit un petit escalier noir.

Cette chambre est une chapelle, nous y dormirons en bonne compagnie. Étendu sur mon matelas recouvert de l'indispensable natte des pays chauds, je vois dans son alcôve la miséricordieuse déesse *Couan-in* debout et se tâtant le pouls. La statue en plâtre aurait le plus grand besoin d'être redorée, mais *Couan-in* sait les Chinois chiches et sceptiques, elle attendra patiemment leur problématique offrande sans perdre son aspect habituel de douce résignation et de grande bonté. Les deux guerriers en bois sculpté qui se tiennent, couverts d'une armure squammeuse, à sa droite et à sa gauche, n'ont pas l'air, eux, d'aussi bonne composition : leur teint d'ébène, leurs lèvres d'un rouge de sang, leurs deux énormes canines pareilles à des défenses de sanglier, la main qu'ils tiennent à hauteur d'oreille, comme des gardiens aux écoutes, leur font une physionomie peu rassurante. Mais à côté d'eux l'œil se repose plus agréablement sur l'énorme panse égayée d'un tout petit nombril de deux Bouddhas accroupis.

Les araignées tissent leur toile dans les combles que la rébellion et la vétusté ont ornés de nombreux ciels-ouverts par où l'on voit un coin d'azur, une branche d'arbre et quelques cellules blanches, collées aux rochers de la montagne comme autant de nids d'hirondelles. Les moustiques viendront nous tourmenter cette nuit, mais en Chine comme en Chine!

Nous nous croyions seuls. En ouvrant la porte d'un étroit réduit, je découvre un apprenti bonze en train de dormir sur une litière de paille. Qui dit bonze dit insectes! Nous engageons vivement le néophyte à chercher un gîte ailleurs. Il s'exécute, trouvant tout naturel de se retirer, lui pauvre être déguenillé et mal nourri, devant cette invasion de deux *vai kouo jen*, de deux étrangers tout-puissants.

La chambre a été balayée, et désinfectée par la

fumée de nos Manille; les fenêtres, à châssis tendus de papier, aveuglées pour la plupart de quelques planches mises en travers, sont grandes ouvertes ; pourtant on sent encore cette odeur particulière de bâtonnets brûlés qui, à la longue, imprègne tout dans un temple bouddhique, air, murs, charpentes et gens.

Me mettant à la fenêtre, je vois tout près à droite un bois séculaire peuplé d'écureuils ; à gauche, la plage blanche, la mer vert foncé, semée au lointain d'îles noirâtres et, devant moi, dans les bas fonds de l'île, des champs de riz jaunissants. Deux tourterelles passent à tire-d'aile. Une grosse couleuvre descend l'escalier et va fasciner les crapauds qui coassent dans les champs de riz ; un bonze qui remonte, un paquet sur le dos, l'écarte doucement, pour ne pas l'écraser, de son bâton ferré en forme de pelle. Un instant après le même bonze donne la sépulture à une cigale morte.

Théodoros prend les airs d'un grand personnage, il est fort entouré, fort questionné. Les bonzes sont devenus tout de suite nos amis et se font un plaisir d'aller nous chercher de l'eau fraîche à la double source. L'un d'eux se décide même à monter l'escalier, et nous salue de plusieurs *Omi touo Fouo*, un second le suit, puis un troisième. Notre chambre est envahie. Je leur parle en chinois, ce qui les étonne et les ravit : — « Il parle comme nous! » Dès lors, tout à fait rassurés et avec cette insistance particulière aux enfants et aux sauvages, ils nous posent mille questions sur Shanghaï, Ningpo, les pays étrangers, les bateaux à vapeur, le prix d'un vêtement, du vin, etc.

— *Kouei Kouo jen?* (Quel est votre noble pays?) — *Ouo men che Fa Kouo jen.* (Nous sommes Français.) Et avec la politesse chinoise ils se répètent de manière à ce que nous l'entendions : *Ta Fa Kouo!* (Ils sont de la grande France!)

Ils se tiennent debout, drapés dans leur longue robe grise. Les pieds nus, les bras et la tête ont un ton particulier fait de hâle et de saleté. Je les interroge sur leur déesse, sur leurs nénuphars légendaires, mais aucune idée bien précise n'habite les cases de ces cerveaux endormis. Pour eux les journées se passent à réciter à l'heure dite des prières qu'ils ne comprennent point, à errer par les sentiers de la montagne, à rester des heures entières accroupis à l'ombre d'un arbre, ou à dormir sur les escaliers en pierre du temple. L'un d'eux me montre avec un certain orgueil qu'il s'est flambé un doigt enduit de cire pour être agréable à *Fouo*, autrement dit à Bouddha. Nous leur offrons un cigare. Fumer est contraire à la règle, ils acceptent toutefois, et le cigare va de bouche en bouche. Puis c'est une pastèque qu'ils se partagent, ils goûtent même à notre chartreuse et en redemandent. Enfin nous les invitons à se retirer. Et, pour racheter ce que le procédé a de cavalier, nous leur faisons cadeau de quelques bouteilles vides sur lesquelles depuis leur entrée ils jetaient des regards de convoitise.

L'heure du bain est arrivée. La plage n'est qu'à cinquante mètres du pavillon, un sentier légèrement en pente nous y mène.

Après le bain, on visite, à quelques pas de la plage,

le réduit d'un bonze replet et réjoui en train d'égrener à force de bras un chapelet à grains énormes qui se déroule sur une poulie suspendue au plafond.

Un peu plus loin, en contournant l'île, nous trouvons un ou deux semblants de plage, mais celle que nous avons choisie est de beaucoup la meilleure.

Deux ou trois bonzes, en prévision de la mort, se creusent une tombe dans les roches. L'un d'eux, vieillard à barbe blanche, nous invite à aller boire dans sa grotte. On y arrive par un sentier de chèvre et par une passerelle en branchages, sans garde-fou, au travers de laquelle on voit la mer à dix mètres au-dessous de soi.

La grotte est meublée d'une chaise en rotin, d'une statuette de la déesse *Couan-in*. Un petit bassin naturel reçoit goutte à goutte les infiltrations de la roche : — Buvez de cette eau, nous dit avec conviction le vieillard, c'est de l'eau de Bouddha, elle guérit toutes les maladies. J'habite, ajoute-t-il, cette grotte depuis vingt-cinq ans. Et comme je lui demandais : — Où dormez-vous ? il me répondit : Je dors sur cette chaise. Puis il nous montra comme un objet précieux une écaille d'huître dans le creux de laquelle était un petit Bouddha en relief recouvert par l'émail du mollusque.

Nuit détestable ! les insectes abusent par trop ici de l'impunité que la religion bouddhique leur assure.

Nous gravissons ce matin *Fouo-ting-chan* (la montagne de Bouddha) par un sentier taillé presque tout entier dans le roc. L'ascension est raide. Tout d'abord des buffles en train de paître jettent sur les deux touristes des regards peu bienveillants, leurs jeunes gardiens les calment. Un bûcheron chargé d'un faix descend la colline, il nous explique qu'on exploite les taillis, mais que chez les bonzes on respecte les vieux arbres.

A mi-côte, une source avec son ermitage obligé. Un vieillard, qui par mortification s'est laissé pousser la barbe et les cheveux, nous invite à nous asseoir.

Montons encore.

Nous voici enfin arrivés sur un plateau concave couvert de longues herbes et d'arbustes clair-semés. La route passe à côté d'un tombeau en pierre fraîchement bâti, elle côtoie un champ planté d'arbres à thé, puis elle commence à descendre sous bois. Les arbres se font serrés, quelle fraîcheur! quel silence! la pagode *Fouo-ting-chan* ne peut pas être loin.....

Un bonze est en train de se prosterner jusqu'à terre devant une grande idole; nous nous saluons et on nous introduit dans le salon des hôtes, où du thé, des arachides, des jujubes et quelques gâteaux nous sont offerts. Le chef-bonze ne boit que du thé : — Nous ne pouvons, dit-il, manger de ces gâteaux que pendant trois jours au nouvel an.

— Quel est l'usage de cette pierre cubique sur laquelle on lit : *tching-tao* (règle pure)?

— Cette pierre, le bonze qui a commis une faute doit se la poser sur la tête, par le côté où vous la voyez légèrement taillée en creux, et la supporter, selon la gravité de la faute, pendant le temps que mettent un ou plusieurs bâtonnets à se consumer.

— Et ces battoirs?

— Ils sont également destinés aux mortifications,

on en frappe les épaules des bonzes qui ont péché.

Nous nous remettons en marche vers notre campement de *Fa-yu-se* et, pour faire oublier les cailloux de la route et les difficultés de la descente, je récite à mon ami cette poésie laissée en souvenir par un facétieux pèlerin dans le temple que nous venons de visiter :

« — La route de la montagne est sinueuse comme les replis d'un dragon.

« — Le vent de la montagne à la quatrième lune est frais.

« — Je lève mon verre pour boire et je suis tout réjoui.

« — Appuyé sur le mur de la terrasse, je regarde au hasard dans l'espace.

« — Tout me pousse à faire des vers.

« — Mais prendre le pinceau et écrire, voilà le difficile.

« — Je retrousse ma robe et prétends marcher vite.

« — Légèrement ivre, j'arrive après des haltes consécutives au sommet de la montagne. »

LA

VRAIE PRIÈRE AU SOLEIL ET A LA LUNE

LIVRET ACHETÉ DEUX SAPÈQUES A LA BONZERIE DE POU-TCHI-CHEN-SE, ILE POUTOU.

Le soleil est brillant et sa clarté éclipse celle des autres Bouddhas. — Aux quatre points cardinaux, au séjour des esprits, il gouverne le Ciel et la Terre. — Quand le soleil paraît, le ciel est rouge. — Jour et nuit il marche sans s'arrêter jamais. — Il marche vite et pousse les gens vers la vieillesse. — Il marche paisiblement et on ne saurait l'arrêter. — Il a passé souvent devant toutes les portes. — Les enfants l'appellent de son petit nom : *Je-toou.* — En un instant il disparaît derrière les montagnes.

— « Si je mourais, que de malheureux parmi le peuple ! — Si je n'étais plus au ciel, on ne distinguerait plus ni la nuit ni le jour. — Si je n'étais plus sur la terre, on n'aurait plus de récoltes. — Tous les autres esprits sont vénérés, — qui donc m'honore, moi soleil ? — Le premier jour de la deuxième lune est le jour de mon entrée dans le palais des Bouddhas. — Celui qui viendra m'offrir des parfums et m'honorer écartera les malheurs de sa personne, — arrivera à la longévité et sera tranquille. — Le dix-neuvième jour de la troisième lune est le jour de ma naissance ; — dans chaque famille on récite des prières et on suspend des lanternes rouges. — Si quelqu'un propage cette prière en l'honneur du soleil, — jeunes et vieux éloigneront d'eux les malheurs. —Celui qui ne récitera pas la prière au soleil, celui-là n'est pas loin de la porte de l'enfer. — Le soleil est le plus brillant des Bouddhas. »

Femmes et hommes vertueux ! écoutez : tous les jours au matin lisez sept fois cette prière, vous n'irez jamais en enfer. — Vous renaîtrez dans une vie heureuse. — Vos aïeux jusqu'à la septième génération revivront tous [1].

A l'est la lune marche. — Elle éclaire les neuf étages du palais du ciel et de l'enfer. — Quatre-vingt-quatre mille Poussas sont debout sur deux rangs dans l'immensité. — Un parasol d'or et d'argent est au-dessus de sa tête. — Elle regarde le monde, — ses pieds reposent sur les nuages. — La fleur du lotus fleurit partout sur la terre. — Lire sept fois la prière à la lune vaut mieux que lire une fois la prière à *Tching-kang-poussa*. — En le faisant on acquiert la reconnaissance du ciel et de la terre, de son père et de sa

1. Contrairement à ce qui se pratique en Europe, la logique chinoise qui veut qu'on ennoblisse ses ascendants, veut aussi que le père et les aïeux aient le bénéfice des vertus de leurs fils ou petits-fils, dont ils sont en quelque sorte les créateurs responsables.

mère. — La lune, quand elle paraît, éclaire les quatre points cardinaux. — On échappera aux malheurs en lisant sept fois avec componction cette prière. — On sera heureux dans toutes ses entreprises.—Vos parents en ce monde vivront longtemps, ceux qui sont morts renaîtront.

UNE NOUVELLE CHINOISE

L'hiver est venu subitement. Deux jours et deux nuits, le vent glacial des déserts de Mongolie a soufflé, poussant devant lui des nuages de sable jaune.

Aujourd'hui la neige tombe et des vols de corbeaux s'abattent sur la neige.

Par la ville se promènent, en fumant leur longue pipe, des Coréens vêtus de blanc et coiffés du large chapeau de treillis noir. Ils sont venus dans la *Capitale du nord* apporter le tribut au Fils du ciel et par occasion vendre au poids de l'or leurs fameuses racines de *jensen*, qui en Chine passent pour la panacée universelle.

Les Mongols aussi ont fait leur apparition. Ils vont, comme tous les ans, dresser leurs tentes de feutre derrière la légation russe, dans un terrain vague qui sert de cour à l'hotellerie des Mongols : *tadze couan*.

On les voit passer, hommes et femmes, à califourchon sur leurs petits chevaux ébouriffés ou sur leurs grands chameaux chargés d'antilopes, de lièvres, de moutons, de faisans gelés qui voyagent ainsi préservés de la corruption, depuis le fin fond de la *Terre des herbes*.

Les marchands chinois leur offriront, en échange de leur gibier, de petites pipes en cuivre, des blagues à tabac, des couteaux, de petites fioles en verre qui servent de tabatières, des miroirs fabriqués à Canton et des ornements de tête dont les femmes mongoles aiment à se pomponner.

Pauvres Mongols, qui me saluez de votre naïf *mando !.... mando !....* me prenant sans doute pour un Russe, vous n'êtes pas de taille à lutter contre le rusé marchand du Céleste Empire ; vous non plus, *lamas* à tête rase, à robe rouge, porteurs de longs chapelets, qui avez suivi la caravane.

Le Chinois ira chercher votre main enfouie dans la manche de vos robes en peau de mouton, et vous la pressera affectueusement jusqu'à ce que vous lui laissiez à cinq taëls un objet qui en vaut cinquante.

Au fond des boutiques, autour des brâseros, les négociants attendent l'acheteur, emmitouflés de fourrures et les oreilles garnies d'oreillères.

Ce matin, sous la porte *Ha-ta-men*, on a trouvé quinze mendiants morts de froid.

De plus, l'édit impérial a ordonné le chapeau d'hiver.

C'est bien l'hiver, le triste hiver de Pékin !

Que faire maintenant ? la promenade est impossible aussi bien sur les hauts remparts de la ville que dans les rues pleines de boue et de neige pétries.

Je rentre dans mon pavillon. Le feu est allumé ; pourtant, dans leur vasque en marbre blanc, mes poissons dorés sont pris sous la glace.

— *Boy !* un peu d'eau chaude aux poissons.

Ma bibliothèque de France est épuisée ; et le courrier de terre, sur qui nous comptions, le Peiho, hélas ! étant gelé, pour nous apporter lettres et journaux, a un retard de cinq jours. A-t-il rencontré des brigands, une bande de farouches *tchiang-tao*, ou bien simplement, craignant la bise, en vrai Chinois qu'il est, s'attarde-t-il le long du chemin en compagnie de joueuses de guitare, dans quelque hôtellerie ?

Mon *boy*, qui a des prétentions de lettré, prend mon ennui en pitié et me recommande une nouvelle à son goût : l'aventure de *Lao-shi*.

Cette œuvre d'un Boccace à longue tresse mérite-t-elle la traduction? Je l'ignore. Mais je vous jure que, telle quelle, elle m'a distrait une demi-heure à Pékin, le premier jour de la treizième lune de la quatrième année du règne de feu l'empereur *Toung-tche*, à la troisième veille de la nuit, tandis qu'au dehors, pour tout bruit, dans le silence des rues endormies, retentissaient le petit timbre argentin et le cri mélancolique : *Mantoou !.... mantoou !...* le pain ! le pain !.... du marchand qui rôde la nuit, vendant des galettes aux fumeurs d'opium attardés.

LAO-SHI MIS AU MONT-DE-PIÉTÉ.

Le ciel y voit clair, on ne saurait tromper le ciel. Les esprits savent vos pensées avant même qu'elles aient germé dans votre cœur. Si tu n'avais pas eu l'audace de vouloir séduire la femme d'autrui, qui donc oserait s'attaquer à la tienne !

Les quatre phrases d'introduction ont été dites, passons maintenant à notre sujet.

Vous me demandez dans quelle préfecture, dans quel village, dans quel hameau l'affaire s'est passée, quels en sont les personnages?

C'est sous le règne de l'empereur Tao-couang, de la présente dynastie des Tching. Cette histoire a pour titre : *Tang Lao-shi*, elle est très-réjouissante. Messieurs qui l'ignorez, prêtez-moi toute votre attention.

En Chine, merveilleux pays brodé de fleuves et de montagnes, Tao-couang était sur son trône. Le ciel était favorable, le peuple était heureux et paisible, les nations tributaires venaient apporter le tribut à l'empereur. Mais tout cela est en dehors de mon sujet, soyons bref. D'une aventure j'ai composé ce livre, livre extraordinaire, qui pourra servir de leçon aux lecteurs.

Mes honorables messieurs, écoutez-moi du commencement jusqu'à la fin. Les faits que je vais vous raconter sont de date récente, l'affaire s'est passée à *Shang-haï-couan* dans la province du *Pei-tcheli.*

Il y avait un ouvrier plein d'ardeur, non-seulement pour les travaux de sa profession, mais encore pour ceux des champs. Enfant, il avait eu le malheur de perdre ses parents. Cet individu, qui vivait avec sa femme et s'appelait *Iang* de son nom et *Ko-tching* de son prénom, exerçait le métier de menuisier. Jeune encore, il avait épousé mademoiselle *Tien*, très-jolie personne, habile de ses doigts, et sachant dessiner et broder des fleurs. Leur destinée matrimoniale était des plus heureuses, les voisins vantaient leur union.

Iang-ko-tching, qui sortait chaque jour pour se rendre à son travail, laissait sa femme seule à la maison et ne rentrait que le soir.

Sa femme, très-belle et âgée à peine de vingt-trois ans, avait changé son prénom de demoiselle, *Tchin tchié*[1], contre celui de *Yu-lan*[2], et s'appelait madame *Tien-yu-lan*.

Ainsi donc madame *Tien*, seule à la maison, se livrait à des travaux d'aiguille pour gagner sa vie, et elle pensait à la peine que son mari se donnait de son côté : « —Ma destinée est toute souffrance ! »

Mais ne parlons plus du mari ni de la femme, deux fleurs épanouies et belles, passons à autre chose.

Shang-haï-couan est un endroit fort important, beaucoup de négociants, beaucoup de magasins. On dit : où il y a foule, là se fait un grand commerce. C'est le cas de *Shang-haï-couan*, tout le monde le sait.

A *Shang-haï-couan*, en dehors de la porte du sud, le mont-de-piété, à l'enseigne *Tien-choun*, occupait pour ses nombreuses affaires un personnel considérable d'employés, en majeure partie gens de la province du *Chansi*. Dans le nombre se trouvait le nommé *Hou-wang-lin*, premier commis, chargé à la fois de la comptabilité et de la surveillance générale. Bien nourri, chaudement vêtu, il pensait naturellement

1. Tchin-tchié, littéralement mademoiselle *or*.
2. Yu-lan, littéralement *balcon de jade*.

beaucoup aux jolies femmes. Là, avec les commis sous ses ordres, il parlait de la richesse de telle famille, de la pauvreté de telle autre. En somme, peu de vérités, peu de bonnes paroles !

Un jour, la conversation avait trait aux femmes, et *Hou* s'était mis de la partie.

« Dans la ruelle, disait-il, habite le nommé *Iang-ko-tching*, et sa femme est belle comme une femme-esprit. » Tous de s'écrier : « Vous dites vrai, nous l'avons vue plusieurs fois déjà et la posséder vaudrait certainement mieux qu'obtenir le grade de *tchouang-yuan* [1]. » Puis on parla d'autre chose.

Hou, absorbé par une idée fixe, et ne sachant trop quel parti prendre, sortit et arriva devant la maison du menuisier, à la porte de laquelle la femme, à ce moment mélancolique et triste, était venue pour se distraire un peu.

Madame *Tien* avait donc quitté la chambre du fond, traversé les autres appartements et la cour, et se tenait à la porte d'entrée, regardant dans la rue.

Hou l'aperçoit ! ses yeux considèrent madame *Tien*.

Oui ! elle est aussi belle qu'une femme-esprit, sa beauté parfaite la rendrait désirable à tout le monde, son chignon a la forme d'un lingot, ses cheveux noirs et brillants sont disposés ainsi que deux ailes ; sans poudre de riz, son teint est blanc ; sans rouge, ses lèvres sont rouges.

Lui, qui ne connaît plus de mesure, lance des regards

1. Premier grade littéraire.

de séduction. Elle paraît répondre à son amour, ne donnant point, mais faisant espérer.

Madame *Tien* ressemble à un grand pêcher aux branches hautes et aux feuilles vertes dont on ne peut pas atteindre le fruit.

Elle referme sa porte, va de nouveau s'asseoir et reprendre l'aiguille, en attendant le retour de son mari. *Hou* allait s'approcher d'elle, quand il la vit disparaître. Il fut forcé alors de se retirer.

Le menuisier revient, il frappe à la porte : « Ouvre ! » Sa femme obéit, le voilà rentré. Ils causent d'abord des affaires du ménage, puis la femme : « J'ai à te dire une phrase, ne t'emporte pas, réponds-moi si c'est bien ou mal ! » — « Entre mari et femme on doit tout se confier ; parle, je t'écoute. » — « Mon cher homme, voici : Un individu, le premier commis du mont-de-piété *Tien-choun*, dans la ruelle à côté, n'ayant rien à faire, est venu me courtiser. Il passait et repassait devant la porte, m'agaçant avec sa façon de me regarder ; mais cela ne lui a servi de rien, je n'ai pas fait cas de lui. » — « Qui ? le nommé *Hou-lao-shi* du mont-de-piété *Tien-choun* ! c'est à vous mettre en colère et je vais de ce pas le voir. » — « Inutile, j'ai mon moyen. » — « Quel est ce moyen merveilleux ? » — « La première fois qu'il reviendra, feignant d'accéder à son désir, je dirai : Aujourd'hui, les circonstances ne s'y prêtent pas, revenez demain, nous trouverons l'occasion. Alors je t'avertirai, et le lendemain, quand il sera entré dans la maison, tu viendras frapper à la porte. Il prendra peur, je le ferai se cacher dans une malle en cuir, je fermerai le cadenas, et je t'ouvrirai. Alors tu feindras un besoin d'argent pressant, tu diras : Il faut que j'engage des objets au mont-de-piété ! et, chargeant la malle sur ton épaule, tu la porteras dans son propre établissement. Ne serait-ce pas là un moyen pour faire un peu d'argent ? Qu'en penses-tu ? »

Iang-ko-tching, tout joyeux : « Ma femme, tes paroles sont intelligentes. »

Il sort ; sa femme se coiffe, se lave la figure et les mains, s'habille et prend une figure souriante

Hou rêve toujours à la jolie femme, sa pensée n'est pas à son commerce ; il quitte de nouveau la boutique, il marche et, sans qu'il s'en rende compte, le voilà arrivé devant la maison du menuisier. Il tousse... A son appel, elle sort jusqu'en dehors de la porte d'entrée. Leurs regards témoignent de leurs sentiments, ils ne savent que se dire, lui est pressant. Elle, qui suit son idée, lui adresse quelques bonnes paroles. Ils sont là, l'un près de l'autre : — « Mon bien-aimé, pour toi mes pensées d'aujourd'hui, mes pensées de demain ! et nous ne pouvons pas arriver à nos fins. J'ai du monde aujourd'hui à la maison, il faut que tu viennes demain après déjeuner. Je t'en supplie, n'en dis jamais rien à personne ! Rentre chez toi maintenant. »

Hou est tout joyeux de voir le bonheur si-près de lui : « Pour moi cette fleur ! » Elle, se promet d'expliquer l'affaire à son mari, quand il sera de retour.

Le mari, que cette aventure préoccupe, n'est pas resté longtemps dehors : « As-tu fait ainsi que tu l'avais dit ? » Elle lui expose la situation. « Je me fie à toi ! »

Ne parlons pas de la nuit qui s'écoula. Au lendemain matin le mari sort. Elle, joyeuse, se dit : « *Hou-lao-shi!* mauvais sujet, tu sauras quelle femme je suis ! »

Hou, impatient, arrive à la porte, donne le mot de passe, la jolie femme l'introduit : « Chaque jour je pensais à toi ! » Il se croit aimé, sa passion ne connaît plus de bornes.

Mais le mari a frappé. *Hou* a peur, il penche la tête comme si son âme s'envolait : « Ton mari est de retour, que vais-je devenir ? je suis perdu ! » — « N'ayez crainte ; voici une grande malle en cuir, cachez-vous dedans, je vais donner le change à mon mari, je réponds que ce ne sera rien ni pour vous ni pour moi ; mon mari perdra la face, ainsi que cela se passe souvent en pareille matière. »

Précipitamment il s'introduit dans la malle. Elle va ouvrir. Le menuisier entre bruyamment.

— « Te voilà, pourquoi cet air furieux ? » — « Ma femme, tu l'ignores ? j'ai besoin d'argent aujourd'hui ; mais que puis-je engager, si ce n'est cette malle et les habits qu'elle contient ! » — « Comment ? cette malle, un cadeau de ma mère, tu oserais ?... » — « Mon parti est pris, ne cherche pas à me dissuader. »

Il charge la malle sur son épaule et se dirige vers le mont-de-piété. Le voilà arrivé, il garde le silence, il a l'air furieux, puis il dit : « Où est le gérant ? » L'homme qui se tient au comptoir dit : « Ouvrez la malle, nous allons en examiner le contenu. » — « J'ai peur qu'en ouvrant, tout ne s'en aille ! il est inutile d'examiner. Donnez l'argent, je veux deux cent taëls, pas un centième de taël en moins. » Tous : — « Vous êtes fou, nous ne prêtons que sur le vu des objets. »

Iang-ko-tching charge à nouveau la malle sur son épaule, et se dispose à se rendre au *Yamen* du magistrat:

— « Gérant, écoute-moi bien, si tu ne paies pas deux cents taëls aujourd'hui, le procès sera grave pour toi. »

De la malle sort une voix :

— « Monsieur le gérant, payez les deux cents taëls et vous me sauvez la vie! »

Tous les employés ont approché l'oreille. C'est la voix du premier commis! pourra-t-il se présenter devant le patron après une pareille aventure?

On paie les deux cents taëls au menuisier, qui ouvre alors la malle. *Hou* en sort rouge de honte, et tout penaud.

Iang-ko-tching reçoit l'argent en souriant, remet sa malle vide sur l'épaule et rentre chez lui, un peu honteux lui-même de son procédé.

LE NOUVEL AN CHINOIS

Shanghai, le premier jour de la première lune.

MA CHÈRE COUSINE,

Ce matin, le gros *Toutchin* est venu, comme d'habitude, dans ma chambre. Il a allumé un grand feu de charbon de terre du Japon, approché de mon lit en bois incrusté de Ningpo une petite table, et posé sur cette table la tasse en fine porcelaine et la théière où fume un thé exquis, le même que l'on boit au palais impérial, thé doré comme du champagne, agréablement amer et aromatisé par un mélange savant de certaines fleurs.

Puis, me voyant ouvrir un œil, il m'a salué plus profondément et plus cérémonieusement que de coutume :

— *Shin shii! shin shii!* nouveau bonheur! nouveau bonheur!

Horrible réveil, chère cousine, c'était le premier jour de la première lune, c'était le nouvel an chinois!

Les boutiques sont fermées; les bons Chinois vaguent dans les rues, en chaise ou à pied, tous coiffés du chapeau d'hiver, tous vêtus de somptueuses fourrures, la plupart louées pour la circonstance. Ils portent à la main d'énormes cartes de visite rouges; et, lorsqu'ils se rencontrent, je les vois s'incliner presque jusqu'à terre, se saluant de leurs poings unis avec le mouvement automatique des sonneurs de cloche.

Il me va donc falloir, comme l'an passé, épuiser jusqu'à la lie l'inépuisable calice du cérémonial de l'Empire du milieu! demander, tout le long du jour, aux autorités, leur noble âge, le nombre de leurs nobles fils, et m'informer de la noble santé de leurs nobles femmes! Eux me répondront par les formules convenues: que leur humble moitié se porte bien, et que leurs petits chiens, ce sont leurs fils, se portent bien aussi.

Une collation pareille à celle de tous les ans sera servie. Nous ferons l'éloge de la cuisine chinoise, les Chinois célébreront les mérites de la cuisine française. On parlera du temps, des pivoines et des chrysanthèmes! et, au dessert, j'offrirai au mandarin militaire des dragées en papillote, que le bon guerrier, trop poli et trop fier pour s'informer, avalera avec leur papier bleu et rose, sans même faire grâce aux devises ni aux pétards.

Puis viendra l'échange obligé de cadeaux.

Mais que ce mot cadeau, chère cousine, ne fasse pas trotter votre imagination de femme; ne comptez pas que votre cousin puisse, parmi ceux qu'il recevra, choisir pour vous quelques-uns de ces jolis riens, bibelots ou étoffes, que les Parisiennes aiment tant.

Voici les présents que la grande Chine fait en ma personne à la grande Europe :

Deux moutons qui bêlent dans l'antichambre, douze canards, douze poulets garrottés comme des criminels et protestant à plein bec contre cette mode de cadeaux vivants, plus deux énormes jarres d'une infâme eau-de-vie de grains qui s'appelle *précieux vin de Chao-chin*, et, suprême plaisanterie, les inévitables jambons de cérémonie, jambons momifiés sous une triple couche de vernis et de laque luisante, juifs-errants des jambons, reçus d'une main pour être aussitôt donnés de l'autre, et qui se promènent ainsi, toujours intacts et toujours les mêmes, depuis la dynastie des *Han*.

Comment faire, chère cousine? que vous envoyer? Tous les magasins sont fermés et le paquebot va partir. Vous vous contenterez pour cette année de ce paquet de fruits confits : oranges, gingembre et pamplemousses; et, comme les petites feuilles de fin papier de soie, couvertes de caractères bizarres, dont je les enveloppe pour plus de hâte exciteront certainement votre curiosité, je vous en envoie la traduction faite à votre intention à mes heures de loisir. C'est un livret qui s'offre ici aux demoiselles. Vous y apprendrez, entre autres choses, au cas où vous voudriez vous faire Chinoise, comme votre infortuné cousin s'est fait Chinois, quels seraient vos devoirs envers la deuxième et la troisième femme de votre futur mari.

Dix mille bonheurs!

VOTRE COUSIN.

NUU SHUN

INSTRUCTIONS POUR LES FEMMES.

Les jeunes filles doivent apprendre les devoirs et la politesse, se conformer aux instructions de leurs parents, ne jamais agir par caprice, savoir établir une distinction entre les personnes de la famille et les hôtes du dehors, et les gens de position élevée ou infime.

La belle-sœur ne doit rien présenter de la main à la main à son jeune beau-frère ; elle ne jouera pas avec les garçons. Une jeune fille doit avoir toujours un air convenable et digne : elle ne retournera pas la tête en marchant ; assise ou debout, elle ne devra pas remuer les genoux ; elle s'éloignera si quelqu'un arrive, et ne regardera jamais à la dérobée un visiteur assis. Elle n'ira pas aux pagodes, mais elle restera dans sa chambre; et la nuit, si elle sort, elle tiendra une chandelle à la main. Le matin elle entendra le chant des coqs. Les personnes rieuses sont peu estimées, les bavardes s'attirent des ennuis.

DES LECTURES.

Si vous ne lisez pas les livres des saints et des sages, comment connaîtrez-vous les rites, les devoirs, les quatre vertus et les trois obéissances [1] ? Lisez d'abord

1. Une jeune fille obéit à ses parents, une femme mariée à son mari, une veuve à l'aîné de ses fils.

le livre *Li nuu* (femmes vertueuses), ensuite le *Nei-tso-pien* (devoirs des femmes). Depuis l'antiquité, les femmes vertueuses ont laissé une réputation éternelle : *Mondze*[1] se repent en voyant sa mère briser son métier à tisser; la femme *Tsoun* se jette devant le tranchant d'un sabre pour sauver son mari; la mère du nommé *Ao*, dans la misère et n'ayant pas de quoi acheter du papier, trace des caractères sur le sable pour apprendre à lire à son fils; la mère de *Mondze* change trois fois de domicile dans l'intérêt de l'éducation de son fils. On doit suivre l'exemple de ces femmes vertueuses. Ne parlons pas des mauvaises et des méchantes femmes.

Les femmes doivent comprendre le sens des caractères, savoir tenir leurs comptes, savoir calculer sur la machine à compter, afin d'être capables de gouverner une maison. Elles étudieront les livres de piété filiale, de morale en action, et non point les poésies galantes. Elles n'iront point écouter les conteurs de romans et ne devront retenir ni chansons ni anecdotes.

Il faut faire efforts sur efforts pour se conformer à ces instructions.

DE LA CONVERSATION.

Le mérite d'une femme consiste avant tout à être réservée, à ne pas trop se mêler aux propos d'autrui.

L'homme ne doit pas parler de son intérieur, la femme ne parlera pas des choses du dehors. Ces deux

1. Le philosophe Mencius.

phrases sont tirées du *Nei-tso-pien*, et les lectrices doivent s'y conformer respectueusement. Un visiteur est-il au salon, la femme évitera de parler à haute voix dans sa cuisine. Bien qu'il y ait des circonstances où il faut parler, on doit toujours le faire avec douceur et modération, et ne jamais laisser échapper de paroles mauvaises ou de colère.

Parler peu est une belle qualité. Rappelez-vous ces instructions.

DE LA TOILETTE.

Simplicité et propreté. Si vous êtes fardée et vêtue d'habits aux couleurs voyantes, les gens vous regardent. Ne faites pas un usage journalier du fard et de la poudre de riz. Ne piquez pas trop de fleurs nouvelles dans vos cheveux. N'aimez pas trop l'or, l'argent, les perles, le jade, matières d'un grand prix. Les vêtements brodés, les étoffes de soie, soignez-les, ne les portez que lorsque c'est nécessaire. Habillez-vous en temps ordinaire d'étoffes en coton, et ne les jetez pas même quand elles commenceraient à se défraîchir.

DU RESPECT ENVERS LES PARENTS.

Le frère et la sœur, quoique de sexe différent, doivent à leurs parents le même respect : ils doivent être toujours le matin comme le soir de bonne humeur à leur égard, leur demander s'ils ont chaud, s'ils ont froid, leur apporter eux-mêmes le manger et le boire, les fournir de nouvelles chaussures quand c'est nécessaire, obéir à leurs instructions, ne pas hésiter à s'amender devant eux, supporter leur colère et ne pas répliquer. Une fois grande personne et mariée à un brave homme, la femme ne devra pas oublier les bienfaits des parents. Une ou deux fois l'an elle demandera à son mari la permission d'aller les voir.

DU RESPECT DE LA SŒUR ENVERS LE FRÈRE AINÉ ET SA FEMME.

Une jeune fille dans sa famille doit aimer et respecter : respecter son frère aîné, aimer ses frères cadets. Les sœurs doivent s'entendre entre elles et ne point se disputer pour des vétilles. Une jeune fille demeurant dans la maison de son frère marié ne doit ni détester ni tromper sa belle-sœur. Si celle-ci a des torts, il faut les cacher et ne point les divulguer. Une jeune fille qui les dévoilerait à ses parents ferait naître des dissensions. Les jeunes filles aiment trop à tout raconter, et c'est ce qui fait naître la mésintelligence entre elles et leurs belles-sœurs.

Pour devenir une demoiselle vertueuse, lisez plusieurs fois ce paragraphe.

DU RESPECT DE LA NOUVELLE MARIÉE ENVERS LE PÈRE ET LA MÈRE DE SON MARI.

Une demoiselle une fois mariée doit se conduire respectueusement vis-à-vis de ses nouveaux parents, être circonspecte en tout. Ce n'est plus comme lorsqu'on était encore jeune fille. On doit à ses nouveaux parents le même respect qu'à ses propres parents : on doit matin et soir s'informer de leur santé, les aider à entrer et à sortir, leur montrer un visage aimable, obéir à leurs ordres, leur offrir à manger et à boire au moment voulu, ni trop chaud ni trop froid ; demander joyeusement à laver leurs vêtements, le chapeau, les ceintures ; leur donner de nouvelles chaussures, de nouveaux vêtements, de nouvelles couvertures ; exécuter leur volonté sans retard, faire tous ses efforts pour les contenter. Vos nouveaux parents ont le droit de vous réprimander, si vous avez des torts. Il faut alors s'adresser à soi-même des reproches et ne jamais rien dire contre eux.

Les fils irrespectueux sont ceux qui écoutent les propos de leurs femmes. Il ne faut pas mettre le mari dans les petits détails de ménage, l'engager au respect et ne pas le pousser à être mauvais fils.

Les voisins disent du bien de la femme qui pratique ses devoirs.

DE L'OBÉISSANCE AU MARI.

Depuis la plus haute antiquité jusqu'à ce jour, la règle dans le mariage est que le mari commande et que la femme obéisse. Dans toute affaire, l'homme prendra une décision, la femme s'y conformera. La vertu consiste à avoir toujours une humeur égale : savoir supporter est un bon moyen. Un caractère irritable, sans patience, est une source de querelles, etc.

DES ÉGARDS ENVERS LA DEUXIÈME FEMME.

Si la première femme n'a pas le bonheur de donner le jour à un enfant mâle, le mari choisit une personne qu'il aime, afin d'avoir d'elle un fils qui continuera sa descendance. Il faut donc ne pas se laisser aller à des sentiments de jalousie, il faut vivre en bonne intelligence dans la même maison. Aujourd'hui de grandes dissensions existent entre les premières et les deuxièmes femmes. Sur cent premières femmes, vous en trouverez à peine une ou deux qui soient douées d'un caractère doux et affable.

J'ai fait de grands efforts pour rédiger ce paragraphe, ne le lisez pas à la légère.

DES DEVOIRS RÉCIPROQUES ENTRE BELLES-SŒURS, FEMMES DE DEUX FRÈRES.

L'entente de deux belles-sœurs fait réussir toutes les affaires. On ne distinguera ni le mien ni le tien, pas de récriminations de part ni d'autre. Deux frères sont comme deux rameaux du même arbre, leurs femmes ne doivent ni se jalouser ni agir en secret l'une de l'autre. Si les deux frères ne sont pas d'accord, leurs femmes devront cependant rester unies comme à l'ordinaire; elles éviteront d'envenimer la brouille, et chacune de son côté par ses conseils devra ramener la réconciliation de façon à rendre les liens d'amitié plus intimes qu'auparavant. Jadis les deux frères du nommé *Tien-tchen* commencèrent par vivre en bonne intelligence, pratiquant à la fois le respect et la vertu. Devant leur maison ils avaient planté un arbre à feuilles persistantes. Mais leurs femmes, deux sœurs qui ne s'accordaient point, voulurent le partage du patrimoine, et le lendemain les frères allaient couper l'arbre en deux, quand ils s'aperçurent qu'il avait perdu toutes ses feuilles pendant la nuit. A cette vue les deux frères sont émus jusqu'aux larmes, leur amitié devient plus profonde, ils chassent les deux femmes jalouses et obtiennent ainsi la tranquillité. L'arbre reverdit de plus belle, et la renommée de ces deux frères est arrivée jusqu'à nous.

Je vous offre leur exemple comme miroir qui vous exhorte à la prudence.

DE L'ÉDUCATION DES ENFANTS.

Il faut instruire les enfants, ne pas les gâter, ne pas les aimer à l'excès. A l'âge de cinq ou six ans ils devront déjà se comporter sagement : tête et visage propres, bonne tenue. Éloignez d'eux les tasses de vin, ne les laissez ni boire ni manger salement, ni trop jouer, de peur qu'ils ne prennent de mauvaises habitudes. Quelqu'un vient-il chez vous? éloignez les filles, présentez les garçons ; telle est la règle.

DE L'AMITIÉ POUR LES NEVEUX.

Une femme doit chérir à l'égal des siens, sans partialité aucune, les enfants du frère aîné et du frère cadet de son mari. Si vous aimez leurs enfants, eux aimeront les vôtres. L'union dans la famille n'en sera que plus parfaite, et les voisins chanteront vos louanges.

RELATIVEMENT AUX DOMESTIQUES DES DEUX SEXES.

Pour appeler les domestiques des deux sexes il y a des règles établies. On doit avoir l'air sérieux et ne pas plaisanter avec eux. S'ils ont commis une faute, il faut se rendre compte d'abord et ne frapper qu'après. Eux aussi sont des fils d'homme et ne doivent point être traités d'une manière indigne. Que les travailleurs à la journée soient bien nourris, sinon ils seront peu zélés à l'ouvrage. Vous êtes chiche de nourriture, à leur tour ils seront chiches de leurs forçes. Les journées passeront, et le travail n'avancera pas. Rappelez-vous ces instructions, afin de savoir diriger une maison.

ENTENTE AVEC LES VOISINS.

Être en bonnes relations avec ses voisins, c'est chose magnifique.

Il faut donc ne point se quereller, ne point se battre pour des vétilles, supporter et se taire, prêter un ustensile qu'on vous emprunte, ne pas être chiche. On vous saura gré d'un service rendu à un moment important. Une femme doit regarder les enfants des voisins comme les siens propres, ne pas les brusquer dans leurs allées et venues, leur donner à manger, ne pas prendre au sérieux les querelles de ses enfants avec ceux des autres, ne pas les défendre s'ils ont tort ; les ennuis naîtraient de là. Ne parlez ni des défauts des autres enfants ni des qualités des vôtres. De cette façon vous aurez de bons rapports de voisinage. L'union entre voisins est une pierre précieuse inestimable.

TRAVAUX DE LA FEMME.

De même que le printemps est, pour le travail, la saison favorable, de même l'aube est le moment le plus propice de la journée. Levez-vous de bonne heure, ne vous laissez pas aller aux douceurs du sommeil. Vos efforts feront facilement prospérer la famille. Soignez le mûrier et le chanvre. Filez avec zèle la soie et le coton pour votre propre usage, et vous aurez des étoffes de soie et de coton plus qu'il ne vous en faudra. Une femme doit savoir couper les vêtements, pour n'être pas obligée de recourir ailleurs. Une femme doit laver ses vêtements s'ils sont sales, afin de ne pas être un objet de répugnance pour autrui. Elle en changera au renouvellement des saisons. Si vous avez des loisirs, prenez l'aiguille, cousez des chaussures pour votre beau-père, votre belle-mère, votre mari et vos enfants.

La vertu des femmes est dans l'activité et l'économie. Les voisins feront votre éloge.

PROPRETÉ DE LA CUISINE.

Le soin de la cuisine regarde la femme qui, matin et soir, doit apprêter les plats. Au printemps, à l'automne, elle fabriquera un peu de vin. Elle saura apprêter le poisson, la viande, les légumes, le bouillon, le tout ni trop salé ni trop acide. Les tasses, les plats seront propres. Le vin, les plats doivent avoir bon goût. Offrez aux grands parents avant de manger vous-même, ne mangez pas en cachette.

LIBATIONS ET OFFRANDES AUX MORTS.

On doit se conformer aux anciens rites mortuaires. Le deuil pour un beau-père et une belle-mère est de trois ans, comme pour un mari. La femme portera des vêtements non ourlés au bas. Il y a différentes espèces de vêtements déterminés pour deuil grand ou petit. Rire devant la tenture mortuaire, c'est être digne de mépris. La couleur des vêtements de deuil est triste et non point voyante. On ne doit quitter le deuil qu'à son expiration. Au printemps, à l'automne, on fait des offrandes aux morts : c'est une règle établie qu'on ne saurait prendre à la légère. Les ustensiles en porcelaine réservés pour cet usage seront de la meilleure qualité, d'une propreté absolue. La femme préparera tout de ses mains et son zèle témoignera de la sincérité de ses sentiments. Non-seulement au printemps et à l'automne, mais encore à chaque saison, offrez les primeurs.

Tels sont les devoirs des femmes, ne les oubliez pas. Les petits enfants doivent apprendre comment on honore les aïeux, afin de savoir honorer leur propre père une fois mort.

DEVOIRS ENVERS LES HOTES.

Quand un hôte arrive, préparez le thé et l'eau chaude pour le visage. Conformez-vous au désir de votre mari, s'il s'agit de le retenir à dîner ; alors, que le manger et le boire soient de la meilleure qualité et de la plus grande propreté. Apportez le vin et les tasses au moment voulu. Peu importe ce qu'on offre, si c'est offert avec politesse. Le mari d'une femme qui sait bien recevoir un visiteur sera lui-même bien reçu ailleurs.

SI LE MARI EST PAUVRE.

Dans la vie il y a des hauts et des bas. La roue de la fortune tourne sans cesse. L'homme riche est heureux, le pauvre vit difficilement; mais la pauvreté honnête est joyeuse et l'opulence malhonnête a beaucoup d'ennuis.

La famille est-elle pauvre, la femme doit prendre ses mesures en conséquence : être active, économe, et ne pas envier plus riche que soi, car c'est le Ciel qui décide de la richesse ou de la pauvreté des gens. Le riche doit avoir pitié du pauvre et ne point le maltraiter ; car de même que l'extrême calamité peut se changer en bonheur, de même le vent du printemps est variable.

Parlons des devoirs des gens riches : ils doivent être économes, se conduire toujours en hommes, ne point avoir l'orgueil de leur fortune, ne pas railler l'homme dans la misère. Tu es riche en ce moment, mais es-tu sûr de l'avenir? Prête à un taux honnête à l'emprunteur. Le mérite de vos bonnes actions sera un héritage de bonheur pour vos enfants. Riche ou pauvre, sache accomplir ton devoir.

DEVOIRS ENVERS LE DÉFUNT.

La fidélité conjugale est ce qu'il y a de plus nécessaire en ce monde. La renommée des femmes vertueuses est arrivée jusqu'à nos jours.

La femme de *Ven-tchiang* se coupa une oreille pour se défigurer ; celle de *Wang-i* se coupa un bras pour échapper au séducteur ; la femme *Koung-kiang* fait un serment dur comme un bateau en bois de cyprès ; la femme *Soung* ne veut point quitter le tombeau de son mari.

N'imitez pas les femmes infidèles qui transgressent les devoirs. Que votre cœur, dur comme la pierre et le fer, se conserve toujours pur.

UN SOUPER FIN... A PÉKIN

On s'amuse peu à Pékin. Aux Européens surtout, les distractions manquent, aussi depuis longtemps m'étais-je promis de me faire Chinois pour une nuit.

Les grandes chaleurs m'ont justement donné fantaisie de me raser, ce matin, la tête à la façon des bonzes. Le plus fort est fait, et me voilà déjà Chinois à moitié. Procédons au reste de la toilette.

— Wang!... (c'est le nom de mon boy, de mon valet de chambre), le pantalon!... Et Wang, toujours silencieux, m'aide à m'engouffrer dans un océan de soie bouffante. — Boy!... l'écharpe!... Et l'écharpe, enroulée autour des reins, retombe en franges sur la hanche. Les jambières en soie bleu de ciel, serrant la cheville, montent jusqu'au genou et se rattachent par deux rubans à la ceinture. Par-dessus le tout, mes bas de cotonnade blanche. Enfin, les bottes, de belles bottes en velours noir brodé de chauve-souris, avec leurs semelles en carton épais de trois ou quatre centimètres et leur bout retroussé à la Polichinelle. Passons maintenant la fine chèmisette en soie blanche qui descend jusqu'à la ceinture. Il ne manque plus que la longue dalmatique transparente et ornée de nombreux dragons. Sur mon pauvre crâne rasé, Wang colle en souriant la fausse queue longue d'un mètre. L'éventail à la main, la pipe et la blague dans les bottes, c'est là l'élégance chinoise. Au plus haut bouton de la robe se balance le porte-lunettes en peau de requin. Sur le nez, les lunettes rondes qui vous font ressembler à un hibou.

Parfait !... Le crâne et le cou sont bien un peu blancs pour un Chinois, mais cela se perdra dans l'ensemble.

Allons ! je relève majestueusement le bras, je remonte les longues et larges manches de ma robe, je m'essaye à marcher lentement et d'une façon cadencée.

— Imitez le canard, me dit Wang.

— *Ko ii* (ça va), me dis-je en chinois pour me donner courage.

Singulier effet de costume ! ces étoffes de soie sont si légères, qu'on les sent à peine sur le corps : je me fais l'effet d'être vêtu seulement d'une paires de bottes, d'une fausse queue et d'une paire de lunettes. J'éprouve la sensation de fraîcheur et de deshabillé qu'on a juste au sortir du bain. C'est agréable, mais gênant peut-être au premier abord, pour se présenter devant des dames.

Il s'agit maintenant de monter dans une boîte d'un mètre cube, sur deux roues. Jamais je n'entrerai là-dedans ! On m'offre un petit banc, on me pousse, on me tire, je suis entré. Wang et le cocher, jambes pendantes, s'asseyent en dehors sur les brancards. La voiture s'ébranle.

Hélas ! mon supplice commence : mes grandes lunettes ont de la peine à se tenir en équilibre sur mon nez, ma fausse queue se déplace, et j'ai failli briser ma pipe dans une de mes bottes. J'essaye de jouer de l'éventail, un cahot épouvantable me rappelle à la triste réalité. Déguisé en Chinois, je me suis cru Chinois pour de bon, c'est-à-dire impassible et sans nerfs. J'insulte mon cocher, qui ne daigne même pas répondre à cet étranger irritable et dépourvu d'urbanité.

Cahin-caha nous arrivons à l'une des grandes portes qui relient la ville tartare à la ville chinoise où je me rends. La mule trotte toujours, je me cramponne en soupirant aux deux parois de la charrette. Je me sens rêveur, des souvenirs de France me reviennent, et, triste, je me compare à ces malheureuses petites souris qu'une grosse domestique, au temps de mon enfance, secouait dans la souricière.

Nous suivons une petite ruelle se dirigeant vers l'ouest. Le ciel, au loin, est tout doré par l'éclat du soleil couchant ; les enseignes, les mâts des enseignes, le toit des maisons, se découpent agréablement sur ce fond d'or ; les Chinois, jaunes naturellement, le paraissent davantage encore. Nus jusqu'au nombril, les porte-faix, les marchands en plein vent marchent sans se presser. Un grand mandarin, porté en chaise, nous croise. Quelques gros négociants, sur le devant de leur boutique, me regardent d'un air indifférent et ne détournent même pas la tête pour reconnaître si je suis un Chinois à peau blanche ou un Européen en costume Chinois ; seul, un mendiant déguenillé me poursuit de ses lamentations : « Donnez-moi une sapèque, ayez pitié de moi ! » De pauvres diables, ruisselants d'une boue puante, sont en train de nettoyer un égout découvert qui ne fonctionne plus depuis bien longtemps. A chaque coin de rue des immondices.

Mais le soleil, qui dore tout, disparaît. Je me prends alors en pitié. Que faire ? reculer ou aller jusqu'au bout? Pour surcroît de maux, le tonnerre se met à gronder dans le lointain, les nuages s'amoncèlent sur nos têtes. Les passants hâtent le pas, les employés, qui reviennent de leurs *yamens* par bandes de cinq ou six, en devisant et se dandinant, accostent les cochers devenus fort rébarbatifs et difficiles pour le prix de la course. Les pauvres gens relèvent leurs pantalons et quittent leurs chaussures, qui se fondraient à l'humidité. Un second coup de tonnerre très-rapproché retentit, l'eau tombe à torrents, en un instant, la circulation des piétons a cessé. Des flaques d'eau noire se forment dans tous les trous, un vieux mur en terre et en brique s'éboule, l'eau inonde les misérables cahutes en contre-bas du niveau de la rue. Tout est désert, et ma galère se promène seule dans un canal de boue. Il fait nuit, l'eau commence à pénétrer, l'orage redouble.

— *Taò leao !* arrivés ! dit le domestique.

Par Confucius ! ce n'est pas trop tôt.

On frappe à la porte, une vieille domestique paraît, nous fait traverser deux cours. Me voici dans un salon de réception, j'entends des rires qu'on étouffe derrière la portière qui me sépare de la salle adjacente. Quel est ce mystère ?

Une petite Chinoise entre en souriant, m'offre du thé et veut bien en prendre une tasse en ma compagnie sur le traditionnel canapé-table chinois.

C'est l'heure où l'on peut voir, quand la soirée est belle, de graves personnages à longue queue cheminer à la recherche de leur idéal dans les ruelles sombres de la ville chinoise : aussi ne suis-je pas trop étonné d'apprendre, de la bouche de ma charmante voisine, Mlle Jade Parfumé, que mon grand ami *Lutalou*, le grave lettré *Lutalou*, connu dans tout l'empire par l'élégance merveilleuse avec laquelle il sait illustrer un éventail d'un joli paysage ou d'un poétique autographe, est à côté, en compagnie d'autres graves lettrés et de dames.

— « Deux bâtonnets pour M. *You li pei !* » (c'est mon petit nom chinois), crie, en soulevant la portière, l'excellent *Lutalou*, et il rit : « *ha, ha, ha!* »

LUI. — *Chen mo fong tchoui leao nihi laï ?* Quel bon vent vous amène ?

MOI. — *Tsou fong*, le vent d'orage.

Cette aimable plaisanterie fait sourire les lettrés et me pose dans leur estime comme un homme d'esprit.

TOUS. — *Tching tsouo...* asseyez-vous, nous vous en prions, faites-nous l'honneur de partager notre méchant souper.

MOI. — Je n'oserais accepter.

TOUS. — Pardonnez-nous de vous traiter d'une manière peu en rapport avec votre haut mérite.

MOI. — Je n'oserais, je n'oserais.

La politesse est sauve, et, après une légère résistance et quelques hésitations bien étudiées, je finis par m'asseoir à la place d'honneur, en protestant encore une fois contre les égards excessifs dont on m'accable. Ces dames se sont assises avec nous, en dépit de tous les rites. O Confucius ! sois indulgent.

C'était charmant, mais ressemblait peu à la Maison-d'Or. Que de plats, que de bols, que d'assiettes! potage de nids d'hirondelle, potage d'ailerons de requin, potage au poulet, potage aux œufs de vanneau, potage... je n'en finirais plus: tout préparé à point, depuis le poisson à la sauce aigrelette jusqu'au lait de noyaux d'abricot et à la salade sucrée de jeunes pousses de radis.

Lutalou m'offrait à l'aide de ses bâtonnets un morceau de canard rôti; je lui rendais la politesse en prenant, soit dans le plat, soit sur mon assiette, du porc ou du poulet que je posais sur la sienne.

Une orange de Canton confite à Mlle Jade Parfumé, une châtaigne d'eau à une autre dame ! chaque convive, s'il veut être poli, doit ainsi passer la moitié du repas à surcharger de toutes sortes de victuailles l'assiette de ses commensaux et accepter avec force *tching tching* ou *touo shié*, lisez remercîments, tout ce qui lui est offert en échange.

Au champagne que j'offris à la fin du dîner (c'est de tous nos vins celui que les habitants de l'Empire du Milieu savent un peu apprécier), mes amis étaient devenus plus bruyants, plus bavards et avaient complétement mis de côté ce décorum auquel ils renoncent si difficilement, surtout en présence d'un étranger : mon déguisement était leur excuse. Les serviettes trempées dans l'eau bouillante et que l'on se passe sur la figure pour dissiper les fumées du vin, après le repas, calmèrent un peu les esprits.

Mlle Jade Parfumé fut gracieusement invitée à chanter, elle prit une guitare et commença.

Ce qu'elle chanta s'appelle les cinq veilles, c'est-à-dire les cinq divisions de la nuit :

« A la première veille, une demoiselle se tourne et se retourne sur sa couche sans pouvoir dormir, l'émotion la rend toute tremblante. A l'insu de son père et de sa mère, elle sort. Mais, hélas! le moment n'est pas bien choisi, car la porte de la maison de son amant est fermée. Elle est obligée d'attendre debout en dehors de la fenêtre, ses souliers en étoffe rouge fleurie se sont déchirés en route. »

Hao! hao! bien! très-bien! quelle voix et quel talent dans l'accompagnement! nous écriâmes-nous pour encourager la charmante musicienne, qui reprit ainsi qu'il suit :

« Pendant toute la deuxième veille, appuyée sur le rebord de la fenêtre, elle écoute la respiration de son bien-aimé. Enfin, elle tousse une fois, afin qu'il s'éveille. Alors, il jette ses habits sur son corps et va à la porte. Sa main prend le poignet de la petite femme, il l'introduit dans la maison. Assis sur le bord du lit, ils se disent des paroles d'amour. »

Était-ce l'effet du champagne, du vin chaud à la chinoise, ou de cette romance passionnée? Je ne saurais le dire ; ce dont je me souviens, c'est que les petits yeux des petites Chinoises étaient devenus plus brillants que d'habitude. Leurs bras s'étendaient indolemment à droite et à gauche pour prendre des amandes torréfiées, des sucreries. Comme de mignonnes souris rassasiées, elles ne faisaient que grignoter, et bien peu de chose encore.... Penchées vers nous, elles regardaient d'un air moqueur notre mine sentimentalement épanouie, et parfois aussi leur prunelle retroussée s'efforçait de se faire langoureuse.

Mlle Jade Parfumé, qui s'était interrompue juste le temps de tremper dans la mousse du champagne ses lèvres, qui lui font, dirait le poëte chinois, une bouche de cerise, attaqua le troisième couplet :

« A la troisième veille, les amants rient. De ses doigts effilés, elle voudrait bien se dépouiller de sa tunique. Brusquement elle détache sa ceinture en soie parfumée. — Son corps blanc comme la neige, elle te le donne, mauvais sujet! tu ne valus jamais rien de bon, depuis que tu es au monde; pourtant la jeune petite femme se laisse prendre tout entière par toi.

« Lui répond : — je ne sais pas quand nous pourrons nous revoir, mais je garderai la reconnaissance de ces doux instants. »

Ce couplet fini, les vieilles servantes apportent les pipes à opium, et, dans de petits coquillages, la drogue noire et gluante comme la poix fondue. Les lampes, ou mieux les veilleuses destinées à griller l'opium à leur flamme pâle et presque sans clarté, sont allumées et placées sur de petites tables, à chaque côté desquelles s'allonge un fumeur ou une fumeuse, le corps sur les durs coussins du canapé, le cou sur de durs oreillers.

Mlle Jade Parfumé reprend sa chanson :

« A la quatrième veille, elle s'habille et veut partir. Lui se met à rire, elle revient alors sur ses pas, et, tombant à genoux : — Nous avons été heureux, ne le dis jamais à personne. La jeune petite femme n'aime que toi. »

« A la cinquième veille, le jour va paraître. Son père et sa mère, elle les entend tousser; dans la maison, personne pour leur répondre. Elle sort précipitamment, monte à l'échelle, et, s'accoudant à la fenêtre de sa chambre, elle dirige ses regards tantôt vers la terre, tantôt vers le ciel : — Quand arrivera la troisième lune, au printemps, lui et moi causerons encore et serons de nouveau heureux. »

Je remercie Mlle Jade Parfumé. Les autres dames préparent les pipes des convives : je les vois tremper l'épingle en argent dans l'opium, faire griller cette première couche à la flamme de la veilleuse, l'arrondir de leurs doigts effilés, continuer à enduire, faire griller, affermir et égaliser chaque couche successive, jusqu'au moment où, l'opium étant en quantité suffisante, elles introduisent l'épingle dans le petit fourneau de la pipe. L'opium reste, et l'épingle retirée ménage à la fumée une ouverture.

Ces dames aspirent quelques bouffées chaque fois qu'elles allument une nouvelle pipe, avant de la présenter aux lèvres de ces messieurs qui commencent à s'assoupir dans la béatitude, l'anéantissement !

Cette atmosphère lourde de fumée d'opium, le souper, le champagne, mon costume chinois, la romance, Mlle Jade Parfumé endormie sur sa chaise, la tête reposant sur mon épaule, m'ont complétement troublé l'esprit. Vaguement je me rappelle que je suis un faux Chinois, et je m'endors rêvant aux petits souliers déchirés, au méchant amant qui rit, à la pauvre petite femme....

Et c'est tout ?

C'est tout, je vous le jure : Mlle Jade Parfumé n'a que quinze printemps, elle n'est là que pour apprendre à être jolie, elle ne fume pas encore l'opium, on respecte Mlle Jade Parfumé !

RETOUR DE CHINE

— Vous devez parfois vous ennuyer, docteur!

— Le fait est que notre existence de balancier à nous autres pauvres médecins de paquebot, allant alternativement de Marseille à Shanghaï et de Shanghaï à Marseille, ne manque pas de monotonie. Mais on s'y fait, on a ses distractions : ma douche d'eau salée le matin ; ma promenade sur le pont frais lavé, en fumant un fin havane ; mes poissons-télescope à sauver; mes découpages à la scie dont je fais cadeau aux dames en les donnant comme objets chinois ; mon trictrac, mes visites, sans compter les aventures du bord....

— Des aventures, docteur!

— Des aventures.

— Amoureuses?

— Amoureuses.

— Sur l'*Indoustani?*

— Sur ce même *Indoustani*.... Et puisque voici l'heure du thé, et que nous avons un quart d'heure à perdre en attendant la musique, approchez votre chaise longue, et écoutez :

Mon ami le lieutenant Z..., homme aimable à Paris et attaché militaire, dans ses moments perdus, auprès de plusieurs potentats couleur safran, venait de se décider à rentrer en Europe. L'Orient n'avait plus de secrets pour lui ; il avait visité les ruines d'Anchor au Cambodge, il rapportait dans ses caisses une brique arrachée à la grande muraille de Chine, une tuile émaillée de feu la tour en porcelaine de Nankin, un pan de la tunique du grand Lama, et la peau d'un tigre énorme tué par lui dans les forêts impériales de la froide Mantchourie.

Quel moustique le piquait donc de faire un crochet sur Batavia, malgré les monstres, la fièvre des forêts et les insolations probables, au lieu d'attendre paisiblement à Singapore, dans un hôtel confortable, le passage du paquebot?

Pourquoi encore, en arrivant à Batavia, son premier soin fut-il de faire appeler le coiffeur français et de dépouiller son costume de voyageur pour endosser des vêtements arrivés de Paris par la dernière malle et de la plus scrupuleuse correction?

Pourquoi, enfin, à l'heure de la sieste, par un brûlant soleil tropical, voulut-il, au grand étonnement du cocher malais, se faire conduire rue du Nouvel-Amsterdam, à la résidence de M. Van den Even, propriétaire dans l'île de cultures considérables de café et de poivre ?

Pourquoi?... En apparence, pour rendre visite à un

vieil ami de son père, M. Van den Even, mais, en réalité, pour voir de près mademoiselle Van den Even, mademoiselle Suzannah, la perle de Batavia, dont toutes les marines tombaient régulièrement amoureuses, et si célébrée dans les carrés d'officiers et dans les ambassades les plus invraisemblablement reculées.

Les poneys de Sumatra vont vite ; en un quart d'heure le lieutenant Z.... arrivait à la porte de la résidence.

Parc immense, silencieux et touffu comme une forêt vierge ; au bout de la grande allée, une maison blanche qui, avec sa verandah close, ses stores partout baissés, a l'air positivement endormie.

Les singes familiers, les perruches dorment sur les branches ; le tigre apprivoisé de mademoiselle Suzannah bâille, les yeux fermés, en tirant sur sa chaîne ; plusieurs portiers à turban, étendus sur des nattes, ne daignent pas se réveiller ; c'est l'heure du soleil, l'heure de la sieste. Personne pour recevoir et guider le lieutenant. La lettre par laquelle il annonçait sa visite n'était donc pas arrivée.

En attendant l'heure du réveil, à tout hasard, le lieutenant s'enfonça dans le parc immense.

Il errait depuis une demi-heure, lorsque, tout au bout d'un étroit sentier ombragé et presque obscurci par les bananiers, les lianes, les orangers, les mangliers, il entendit comme un murmure de voix mêlées à la chanson d'un jet d'eau.

— M. Van den Even et sa fille prennent sans doute le frais au fond de ce bois ; avançons-nous.

Le lieutenant Z... s'avança, le cœur plein de doux pressentiments et le cerveau grisé de parfums.

Les voix se rapprochent, le jet d'eau chante plus fort; Z..., de ses mains gantées, écarte deux branches, et manque de tomber, son claque à la main, dans une piscine de marbre, au ras du sol, où une Européenne blonde, qu'il devine sur-le-champ être mademoiselle Suzannah, se baignait loin de la chaleur du jour, ses blanches épaules éclaboussées des perles du jet d'eau, et voilée seulement de ses cheveux qui lui faisaient comme un manteau d'or dans l'eau claire.

Rougeur générale chez Suzannah, cris stridents de la servante noire! soudain tout le jardin s'éveille, tigre, singes, perroquets et gardiens. Confus, la tête perdue, le lieutenant essaie de saluer, et puis s'enfuit à toutes jambes.

Quinze jours après, l'*Indoustani* attendait, amarré au quai, en rade de Singapore, le *Birman*, autre paquebot qui devait ce jour même, jour de Noël, lui apporter de Batavia le paquet de dépêches et son complément de passagers pour l'Europe.

Les voyageurs de l'*Indoustani* étaient tous descendus à terre et visitaient la ville située à une demi-heure de là.

Seul, le lieutenant Z...., toujours hanté de sa vision de la piscine, s'était obstiné à rester sur le pont.

— Ce qui m'arrive, grommelait-il, est positivement trop ridicule. J'ai fait mille lieues sur terre et sur mer, j'ai affronté le soleil des Indes, les moustiques de Saïgon, les typhons des mers de Chine ; j'ai poursuivi la

Chinoise sur tous les bateaux-fleurs connus, et lorgné, tapi dans des azalées, au pied du Fusi-Jama, des groupes de Japonaises se baignant sans voile ; à Manille, on m'a vu pieusement chercher, dans toutes les églises, la souple et ardente Malaise convertie ; je me suis souhaité, au Japon, un rival qui, de désespoir, s'ouvrît le ventre avec un riche sabre ; en Chine, un mandarin jaloux qui se pendît à ma porte pour se venger ; aux Philippines, un Othello féroce se jetant à la nage, le criss entre les dents, pour me reprendre sa fiancée, et me voici, en fin de compte, après tant de rêves bistrés, amoureux de qui ?... d'une Européenne, d'une blanche ! d'une blonde !... Mais aussi quelle toilette pour une première entrevue !... Et les moindres détails du merveilleux tableau qu'il lui avait été donné d'entrevoir lui revenaient en tête, embellis encore par la distance...

— Le *Birman* entre en rade, dit, en passant, un matelot qui descendait du gaillard d'avant.

Mais le lieutenant Z... ne l'entendit pas. Se tournant et se retournant sur sa chaise en rotin, il continuait son monologue.

— Le *Birman* lâche sa vapeur et manœuvre pour venir se mettre bord à quai, il y a des passagères.

— Et que m'importent tes passagères, jolies ou laides, jeunes ou vieilles? répondit Z... furieux de voir son rêve interrompu.

Cependant on hissait à bord les malles, les provisions et les marchandises ; les passagers, vêtus de blanc, coiffés du casque en moelle de sureau, essayaient de reconnaître leurs bagages ; les passagères, en robe légère et tenant leur ombrelle ouverte malgré la double tente qui protége l'arrière, achetaient de menus objets à une nuée de marchands attirés par l'approche du départ.

Les Parsis, avec leur tunique blanche et leur longue toque cylindrique portée sur la nuque, étalaient à même sur les planches du pont des cachemires aux vives couleurs, des améthystes, des diamants et des perles ; les Indous offraient des griffes de tigres montées en collier, des bracelets d'écaille ambrée et transparente ; les Chinois, leurs ivoires fouillés ; un paysan, des joncs, des coraux, des coquillages ; d'autres, des singes et des perroquets.

La cohue des marchands, les ordres des officiers, le va-et-vient des matelots, le mouvement sourd de la machine, les poignées de main, les adieux, le champagne qui saute et que l'on boit en se souhaitant un heureux voyage en vingt langues, le brouhaha qui précède toujours le départ d'un paquebot, tout cela finit par forcer le lieutenant Z... à secouer ses préoccupations amoureuses et mélancoliques.

Un Indien à barbe blanche promenait gravement sur l'épaule un singe, charmante petite bête à queue noire, au pelage gris de souris, en train de mordre dans une banane.

— Achetez mon singe, gentleman.

— Oh ! oui, père, achète-le pour donner un camarade au mien.

— Je crois que vous êtes folle, ma fille ; deux singes pour une demoiselle !

La jeune personne qui intercédait ainsi en faveur

du singe devait être une jolie blonde, autant qu'on la devinait sous son ombrelle de paille et derrière son éventail japonais.

— Où donc ai-je vu cette figure? se disait le lieutenant Z...

Quant au père, gros homme au teint de brique, vous l'eussiez jugé Hollandais au premier coup d'œil, et Hollandais enrichi au pays des épices, rien qu'à son énorme chaîne d'or ornée de breloques sonnantes, à ses bagues d'un goût barbare, et à son casque perfectionné, avec soupiraux, créneaux et meurtrières, où s'incrustait, triomphe de la chapellerie exotique, tout un système de moulins à vent, destinés à entretenir autour de la tête du propriétaire un perpétuel courant d'air.

Mû par je ne sais quel pressentiment, Z... s'approche, marchande le singe et jette en passant un regard indiscret sur la plaque en cuivre du sac de voyage que tient le père de l'inconnue : *M. Van den Even, à Batavia.*

— Monsieur Van den Even? s'écrie le lieutenant Z... en regardant mademoiselle Suzannah qui rougit.

— Lui-même... Monsieur?

— Le lieutenant Z...

— Le lieutenant Z..., Suzannah! le fils de mon meilleur ami, ce cher lieutenant dont on nous avait annoncé la visite à Batavia et qui n'a pas daigné se déranger de sa route pour venir nous voir.

— Vous m'excuserez; la fatigue, le besoin de rentrer en France...

— C'est bon, c'est bon, vous êtes pardonné à moitié, puisque nous allons voyager ensemble. Lieutenant Z..., offrez donc le bras à ma fille, et l'on vous pardonnera tout à fait. Promenez-vous, jeunes gens; je descends au salon voir, avec Hans Peters, ce qu'il faut penser des sandwichs et du porto de la Compagnie anglo-japonaise.

— Peters! Hans Peters!!

A cet appel, on vit apparaître un deuxième Hollandais aussi gros, aussi roux, aussi court, aussi doré que l'autre, ayant mêmes lunettes, même casque, mais un peu plus jeune cependant.

— Monsieur Z..., j'ai l'honneur de vous présenter M. Hans Peters, mon futur gendre.

La marée était favorable, la cloche avait sonné le premier coup du départ, les passagers retardataires rentraient, et les matelots faisaient précipitamment déguerpir quelques marchands qui s'obstinaient à une dernière vente.

— Achetez mon singe, gentleman, disait le vieil Indien, achetez mon singe.

— Combien?

— Dix roupies.

Le singe en valait bien deux. Z... l'acheta, l'offrit en même temps que son bras à mademoiselle Van den Even, qui accepta avec plaisir l'un et l'autre.

— M'a-t-elle reconnu? Ne me reconnaît-elle pas? se disait-il, très-perplexe.

Second coup de cloche. « Larguez les amarres... machine en avant!.. » L'*Indoustani* était en marche.

— Les nègres de la machine me font peur. Seriez-vous assez bon, monsieur Z..., pour m'accompagner sur l'avant; nous y confierons, comme c'est l'usage, nos singes à un matelot.

— O bonheur! elle a dit : « nos singes! » soupira le lieutenant Z... Évidemment, elle ne me reconnaît pas.

Vous le savez, rien de curieux, de mouvant, de bizarre comme l'avant d'un paquebot dans ces mers orientales! Celui de l'*Indoustani* est généralement une vraie arche de Noé. Les petits coqs du Japon s'égosillent comme des ténors, les grands coqs de Cochinchine font la basse; pigeons, canards, faisans, oies et lapins se démènent à grand bruit dans les mêmes cages; des perroquets blancs se disputent une tranche d'ananas avec des perruches multicolores; les moutons, destinés à être mangés en route, bêlent plaintivement, parqués entre des cloisons de planches; les bœufs à bosse ouvrent de grands yeux ronds et lèchent la main du boucher du bord, dont le tablier blanc et les manches retroussées devraient pourtant leur inspirer quelques soupçons. Une douzaine de nègres sortent tout suants des fourneaux et viennent s'accroupir demi-nus, les yeux injectés, autour d'un chaudron où ils puisent le riz bouilli à pleines mains; puis des singes, toujours des singes, qui, mis en gaieté par la nouveauté de leur existence, grimacent, se battent, poussent des cris, s'entortillent et s'étranglent dans leurs cordes.

Un matelot procède à l'éducation de deux orangs-outangs, pareils à deux enfants hideux, sur la vente desquels il compte pour faire fortune en Europe; un autre grise un petit macaque. Mademoiselle Suzannah, toujours bonne, obtient la grâce d'un singe cochinchinois, à culotte rouge, mis en pénitence sur un cordage pour avoir mordu son propriétaire, arraché les boucles d'oreilles d'une guenon, et tordu le cou à un certain nombre de canards mandarins.

— Comment allons-nous appeler nos deux singes? — J'ai déjà baptisé le mien Roméo, dit mademoiselle Suzannah. — L'autre, en ce cas, ne peut que s'appeler Juliette.

Roméo et Juliette furent, après force recommandations, confiés à un quartier-maître :

— Surtout pas d'indigestion, ménagez-leur les mangoustans, les cannes à sucre...

— Et ramenez-les-nous sur l'arrière tous les soirs.

Que d'émotion, quelle journée! Il fallut accompagner Suzannah partout, il fallut admirer les officiers jouant aux palets, entendre la messe sur le carré de l'entrepont tendu de drapeaux, écouter les cantiques monotones des missionnaires protestants, faire causer les membres de l'inévitable ambassade japonaise, prendre part aux jeux des enfants de la non moins inévitable lady, descendre à la cale aux bagages, se faire expliquer la machine. Puis le lunch, le thé, le souper, encore le thé, les trente-six mille repas du bord!

— Quelle est cette dame si rousse avec un volume de Paul de Kock à la main?

— C'est la veuve d'un explorateur qui vient d'être mangé à Formose.

— Et ce gentilhomme si sec et si brun?

— C'est un capitaine-général des Philippines nommé par l'avant-dernier gouvernement espagnol, et qui s'est trouvé destitué télégraphiquement en arrivant à son poste.

La journée se passe ainsi sur le pont, les hommes fument, les dames font semblant de travailler à leur tapisserie. Quatre bonnes sœurs, exténuées par le climat de Saïgon, récitent leurs oraisons. L'employé des postes, toujours galant, fait la cour à une longue institutrice anglaise qui regarde, mélancolique, les poissons volants, pareils à des oiseaux argentés, prendre leur essor et ricocher sur la mer.

Tout cela paraissait intéresser vivement mademoiselle Suzannah. Quant à l'infortuné lieutenant, la chaleur faisait éclore en son cerveau des idées vraiment tropicales; il essayait de lutter, de parler de choses indifférentes, mais toujours il sentait ce diable de petit bras rond qui s'appuyait, fatigué, sur le sien, et malgré lui il pensait à la piscine de marbre, aux servantes irritées. Il voyait alors Suzannah, non pas comme elle était, en costume de voyageuse, robe de toile et petite ceinture bleue, mais telle qu'il l'avait vue à Batavia, sous les grands mangliers. Suzannah le reconnaissait-elle? Son regard ingénu disait non; pourtant certaines allusions, certains sourires!... Singulière fille! singulier amour!... Évidemment cela ne pouvait finir ainsi... Mais ce Hans Peters?... ce mariage imminent?...

Pendant ce temps, M. Van den Even et le cousin Hans Peters étaient restés attablés dans le salon, et poursuivaient l'étude commencée à Batavia des quatre-vingt-douze manières de doser un *sherry-cobler*, connues à bord des paquebots.

Le soleil s'était couché tout rouge dans la mer ensanglantée. La nuit arrivait brillante et tiède.

On monta le piano sur le pont, et mademoiselle Suzannah chanta d'une voix passionnée et triste, comme en ont volontiers les créoles, la *Malaguegna* si connue :

Los amores de los Hombres... « Les amours des « hommes sont comme la fumée du bois vert, qui « remplit la chambre, fait pleurer et s'en va. »

Puis, vers les onze heures, les garçons du bord vinrent installer sur l'arrière les oreillers, les matelas, et dresser la tente-dortoir pour les dames.

— Bonne nuit! Good night! Gutten nacht! Buenas noches!...

Quoique brisé de fatigue et d'émotion, le lieutenant Z... ne put dormir ; roulé tout vêtu dans sa couverture, il regardait les étoiles fuir rapidement en sens inverse du bateau, et les deux singes, Juliette avec Roméo, qui, sur la traverse d'un hauban, dormaient embrassés au clair de lune.

Ce spectacle attendrissant quoique comique, le bruit de soie froissée que faisait la mer en frottant les flancs du navire, le parfum, devenu plus pénétrant la nuit, des ananas dont l'avant était encombré, tout l'irritait et l'énervait. Il roulait dans sa tête les projets les plus extravagants : ne pouvait-il pas fuir avec Suzannah sur un petit canot, aborder dans quelque crique bien solitaire ? Mieux encore : s'il survenait un naufrage où tout le monde périrait excepté pourtant elle et lui !

Mais, hélas! le navire filait gaiement ses seize nœuds, la mer était trop paisible, la nuit trop claire.

.... On entendait dans le salon Hans Peters et Van den Even défendre bruyamment l'excellence de leurs formules préférées.

— Ils sont heureux, ils ne pensent à rien, ces tonneaux de Hollande! si j'allais faire comme eux. Et le lieutenant Z... fut les rejoindre.

Ce qui se but de gin, de champagne, de curaçao, de bitter est incalculable.

A une heure sonnante, les deux bons Hollandais roulaient sous la table, et le lieutenant qui, en se procurant un commencement d'ivresse, n'avait pas trouvé la paix du cœur, remonta sur le pont décidé à tout.

Suzannah s'y trouvait déjà en fin peignoir blanc, et les rayons de la lune faisaient de ses cheveux d'or des cheveux d'argent cette fois. Elle s'accoudait au bastingage caressant distraitement ses deux amours de singes, Juliette et Roméo.

— Suzannah!

— C'est vous, lieutenant!

— Oui, moi, qui suis fou, qui vous aime.

— Vous me dites cela, ou bien tôt... ou bien tard!

— Ne raillez pas, je vous aime et vous serez ma femme; je me ferais broyer par l'hélice, s'il me fallait renoncer à vous.

— Il le faudra pourtant; mon père a dû vous dire que je vais à Amsterdam me marier.

— A Amsterdam! mais c'est affreux; cette fine fleur de Hollande colorée au soleil des tropiques serait cueillie par la lourde main de quelque marchand de gingembre.

— Mon cousin Hans Peters vend, en effet, du gingembre ! répondit modestement Suzannah; puis elle ajouta avec une cruauté toute féminine : Il y a quinze jours, rien n'était décidé encore; que n'êtes-vous venu il y a quinze jours à Batavia !

— Mais je me suis arrêté à Batavia, s'écria le lieutenant Z..., arrivé au comble de l'exaltation ; je m'y suis arrêté...

— Je le sais bien.

A ce moment une grande ombre noire s'avance soudain par tribord, un craquement continu se fait entendre, un navire avait abordé l'*Indoustani* et se collait le long de son bord !...

Rule Britannia!.. chantaient à tue-tête des voix anglaises.

— Sacré nom de D... d'Anglais ! hurla l'officier de quart sur sa passerelle, toujours soûls pour leur Noël.

— *Christmas ! merry christmas !* criait dans la nuit l'équipage invisible.

— Ils ne manœuvreront donc pas. A bâbord ! tonnerre, à bâbord !

Pas d'avaries sérieuses, pour tout mal quelques vergues froissées.

Ce qui n'empêcha pas les dames de se précipiter hors de leur tente : ciel ! Dieu ! un abordage ! nous coulons !

— Et Juliette? où est Juliette? dit Suzannah fort inquiète de son singe.

Le choc, quoique léger, avait projeté Juliette dans les cordages de l'autre navire.

On la voyait qui, très-heureuse de son changement de domicile, faisait des signes à son Roméo.

Le lieutenant saute sur le plat-bord et, un pied sur l'*Indoustani*, un autre sur l'anglais, se tenant d'une main à un hauban, il essaie de l'autre de ressaisir la fugitive.

Suzannah se penchait vers lui effrayée.

—Dégageons-nous, criait, en accourant, le capitaine à l'officier de quart. L'officier de quart commanda : *A bâbord tout.*

Un mouvement se fit, les deux navires désemmêlaient leurs cordages.

Effrayé du bruit, Roméo d'un bond va rejoindre sa Juliette. A cette vue, une inspiration folle passe dans la tête du lieutenant : il se penche vers Suzannah, la saisit par la taille, l'enlève à force de bras, tandis que les deux navires se séparent, et la dépose avec mille excuses sur le navire anglais.

Quelques jours après, l'estimable M. Van den Even, que l'abordage n'avait pu réveiller, trouvait, à son arrivée à Pointe-de-Galle, la singulière dépêche que voici :

Singapore,

Père chéri, beau-père bien-aimé, savez abordage. Suzannah et lieutenant Z... projetés par le choc sur navire anglais. Pris pour mari et femme. Impossible dire non. Suzannah en peignoir, pudeur anglaise. Logés dans chambre des nouveaux mariés par ordre du capitaine; vérité découverte; tout arrangé. Unis le lendemain par clergyman du bord. Ménage heureux. Singes bien portants. Besoin bagages. A propos, bonjour pour Hans Peters.

— Très-joli, docteur, trop joli même pour être arrivé.

—Par les chaleurs qu'il fait dans nos mers, tout arrive ! Mais une de mes jolies malades me fait signe, le devoir avant tout, je cours lui offrir mon bras.

Le galant docteur s'éloigne en sautillant.

Cependant la nuit tombait. Au milieu d'un cercle de passagères et de passagers, l'orchestre d'une troupe italienne qui s'en revenait de Calcutta se mit à nous jouer dans le grand silence des mers indiennes les refrains nouveaux pour nous de *la Fille Angot*, de *Giroflé*.

Et, ceci peut-être fera sourire, ces petits airs vifs et joyeux, ces choses légères mais françaises, nous semblèrent au sortir de l'ennui chinois la bienvenue lointaine de la patrie et nous émurent jusqu'aux larmes.

TABLE DES MATIÈRES

AU THÉATRE

CHINOISERIES INTIMES

FIN DE LA TABLE DES MATIÈRES.

Paris. — Imp. E Capiomont et V. Renault, rue des Poitevins, 6.

www.ingramcontent.com/pod-product-compliance
Ingram Content Group UK Ltd.
Pitfield, Milton Keynes, MK11 3LW, UK
UKHW021851190726
13855UKWH00001B/259